周公哪有這麼神?!

課本沒教的兩周史教室

野蠻小邦周——著

推薦序

引人入勝欲罷不能

國立成功大學中國文學系 黃聖松教授

「野蠻小邦周」新作《周公哪有這麼神：課本沒教的兩周史教室》，終於在萬千讀者引領企盼下與大家見面。作者邀我為新作撰序，得以先睹為快，誠是二〇二一年一大樂事。

中國先秦史因文獻資料顯寡，部分文字又詰屈聱牙不易通讀，再加以時空限制，因此世人對其瞭解甚少，甚或興趣缺缺。近世出土大批甲骨、金文、簡帛、璽印、陶片等第一手材料，使先秦史研究空前活絡，許多學者投入整理、分析、解讀地下資料，藉此補白、校對、類推傳世文獻，豐碩成果直追有清一代。先秦史研究有此盛況固然可喜，然仍僅限於學校與相關學門，其影響依然難以深遠。臺灣經學領域研究人員近二十年來一直思考幾個問題：如何將經典教育落實大學課程？如何將經學運用於日常生活？又如何能被二十一世紀新世代接受？許多學者各有創見，在此不一一列舉。若就個人想法與經驗略抒己見，大致不外「深入淺出」與「日常實用」八個字。「深入淺出」是以淺顯易懂文字或語句讓閱聽人快速瞭解與吸收，「日常實用」指閱聽人能將所見所聞落實於生活，且能反覆操作以收實效。易言之，

「深入淺出」是讓閱聽人輸入無障礙，「日常實用」謂閱聽人輸出得效益。至於實際操作方法，個人認為「深入淺出」不是白話翻譯，須陳述有人物、對白、情節且具戲劇張力的「故事」吸引閱聽人注意力。「日常實用」則可配合實際案例，告訴閱聽人如何將所讀所聽「故事」，經吸收、轉化與融會貫通後在生活實踐。一旦閱聽人能將所學發揮效益，自然願意投入時間與精神繼續深入學習。

「野蠻小邦周」《周公哪有這麼神》與個人所陳「深入淺出」與「日常實用」兩項觀點不謀而合，作者以淺白、詼諧與年輕世代常用流行詞彙敘述兩周時代有趣故事，引人入勝欲罷不能。每單元「漢字文化專欄」則挑選與故事相關漢字，配合出土實物說解文字本義、字形演變與意義轉換，讓讀者瞭解文字背後承載造字原因、歷史淵源及相關史事連結。讀者既可輕鬆涉獵兩周史與漢字之梗概，更重要的是在讀者心田播下一顆種子。讓他們對歷史與文字不再感到陌生乃至於畏懼，未來願意撥出更多時間多讀一本歷史或文學作品，藉此撫慰心靈與昇華精神層次。對普遍講求效益的世代而言，《周公哪有這麼神》值得讀者一再品味。

推薦序

古人沒你想的那麼不一樣

知名 **YouTuber Cheap**

野蠻小邦周的新作《周公哪有這麼神：課本沒教的兩周史教室》，真的是很有趣的歷史讀物。一般讀者在書架上看到歷史書籍，除非是歷史愛好者，否則常常是敬而遠之、興趣缺缺。但在這本《周公哪有這麼神》裡面，我們看到的卻是周朝人與現代人共同的煩惱，如果去掉科技與現代化的用語，會覺得周朝人的生活好像跟現代人沒有兩樣。在那個遙遠的古代，一樣有生父不明的棄嬰，被偷偷放在少有人跡的地方，試圖讓他自生自滅；一樣有古代的無殼蝸牛，不知道應該定居何處，為自己的「房」事深深苦惱。再細讀下去，發現周朝人的生活，竟然一樣有開發弊案、有禁酒令，有旅遊意外、也有官商勾結。是不是作者故意穿鑿附會？不不不，這本書講的，確確實實是當時人的第一手記載，也就是真實的周朝人生。

透過作者對史料的趣味解讀，讀者可以發現有些煩惱是古今相通的，而人性似乎也是亙古不變的。有人靠爸靠舅，富二代再起霸業；也有人想要打倒權貴惡勢力，小蝦米拚大鯨魚。而且，在這些趣味的故事中，讀者會發覺一些過去沒有發現的歷史人物面向。比如儒家思想的創始者——周公，感覺上應該是溫文儒雅的大學者，但是他卻膽敢在祭祖儀式上威脅祖先，是不是有點衝？而威風凜凜的周天子，理論上應該是天底下最有權勢的人，結果竟然死於旅遊意外，下面的人還不敢明說？野蠻小邦周透過對於史料趣味而不失真實的解讀，用現代人能夠輕易理解的語言，把一個又一個稀奇有趣的故事帶到讀者面前。這本《周公哪有這麼神》，真的不愧是近年最好懂的周史著作。讀者如對周史熟悉，不妨翻開來看看，是否有未曾發現的巧妙之處；如果對周史不熟悉，本書則不失為一本很好的上手讀物。

所謂「外行看熱鬧，內行看門道」。本書除了趣味解讀周朝人生之外，也加入了不少漢字故事、各式史料以為佐證，左引一段《詩經》、右帶一篇《史記》，上講一個甲骨文、下解一個金文，兼顧了文字的可讀性與故事的深度。書中不僅對於各類文字古今意義的不同加以解釋，也讓讀者知道這些故事典出何處。不少有趣之處，讀來不禁令人莞爾一笑，更有許多地方令人點頭稱是，大有原來如此的開悟感。一遍遍地翻閱本書，好像看到作者就站在跟前認真指點，告訴我們這些古人是如何思考、如何過活，又是如何應對問題的，以史為鏡，不只可以知興替，還可以明得失、增智慧。再次推薦讀者，在世局多變的現代，閱讀這本《周公哪有這麼神》，你會發現，其實古人跟現代人，真的沒有那麼不一樣，而這些精彩的故事，更是讓人受益良多。

作者序

開箱吧！穿越時空的包裹

「古巴比倫王頒布了《漢摩拉比法典》，刻在黑色的玄武岩，距今已經三千七百多年。」這是歌手周杰倫出道早期的名曲〈愛在西元前〉。我們常常在想，為什麼大家對兩河流域的楔形文字、北歐的盧恩符文甚至是馬雅圖象文字如此感興趣，卻對甲骨文或金文無感呢？

「祭司、神殿、征戰、弓箭」，不只是巴比倫的從前，也是商周兩代的從前。然而我們卻對這商周時代既熟悉，又陌生。在儒家將夏商周三代渲染上禮義聖人的色彩後，那些曾經活生生的人們，都成了遙遠陌生的存在。

在課本上、古書裡，商紂王按慣例是大壞人，周武王則是正義化身，周幽王是好色昏君，褒姒是亡國妖女。我們彷彿只要知道誰是好人、誰是壞人，誰建立了制度，而誰又讓一切化為灰燼，這樣就是所謂的讀歷史了。

若是如此，那讀歷史跟看電視機裡的戲劇表演又有什麼不同？我們不僅沒辦法因此鍛鍊出歷史的眼光，還只能像個觀眾或球迷般，討論著最喜歡的英雄人物或是最討厭的朝代。

可能也因為如此，新課綱中的歷史課本將這段遙遠而刻板的故事略去了，與其他古文明一樣，成為有興趣的人自行研讀的單元。當然，我們同意在有限的時間內，應該先學習與自身最為相關的歷史，瞭解是什麼形塑了我們當下的世界。然而我們也很難忽視，眼前記錄下這段想法的文字，也正是源於商周時代的文字。

商周時代留給漢文化相當多的遺產，有很多現代的問題，也可以在這個時代尋求答案。比方說簡化字問題，對此稍有瞭解的人應當知曉，這不是孰是孰非的問題，也不是可以一棒子打死的事。必須要正確理解漢字的發展，尤其是古漢字，才有可能產生比較客觀的認知。

由於近百年來考古學的發展，商周時期的文物大量出土，我們對這個時代的認識已經遠遠突破古人、古書記載。我們漸漸地知道，古書中的那些歷史人物，都是有血有肉的、曾經活著的人。他們有悲喜、有算計、有歷史課本記載的光輝勇敢的一面，但也有普通的私生活或惡趣味。

這些出土文物，有些像龐貝城一樣，因為戰亂被定格在過去的時空；有些是出於主動，用墓葬打包成穿越時光的包裹，在古文字學家、考古學家的爭論中，開箱、拆封、解密，並試著逐步還原當時的場景。

在我們研究上古史的時候，常會驚喜於當時的場景與現代有所重合。像是古人生怪病會去問神明，神明不靈驗還可能會口出威脅之語。又或者是正當高房價的現代，古人也有土地兼併的問題。武裝殖民的封建，就像現在開發某某新市鎮一樣，有些開發案成功了，延續千年，有些則湮沒無聞。

此外，當我們釐清漢字的前世今生，也會驚訝於它們兩千年來的人擇變化。有些漢字挺過了殘酷的競爭而留存至今；有些誤打誤撞，寄生上流；有些則開枝散葉，最終悉數消失。漢字的變化有如生物的演化史一樣，令人嘆為觀止。

「幾十個世紀後出土發現，泥板上的字跡依然清晰可見」，巴比倫也許只剩下難解的語言，但在我們身處的當下，仍隨處可見古漢字與上古史留給我們的遺產，感知它們與現代的連結。因此，我們希望在這本書裡，讓大家跟我們一起體驗這種開箱的驚奇與喜悅，也希望大家能多瞭解漢文化與漢字的早期樣貌。

本書的完成感謝遠足文化前總編輯李進文先生、編輯王育涵女士，因為你們的信任，我們才有勇氣完成這本書。還有感謝野蠻小邦周的其他夥伴，慶幸大家一路走來始終如一，讓我們彼此在古文字與上古史研究的路上，孤獨卻不寂寞。最後感謝教導過我們的師長，因為有前人的啟發與成果，這本書才有如此豐富的內容。

謝博霖、黃庭頎寫於二〇二一年深坑總部

1 狠心生母無端懷孕，初生男嬰遭扔大排

西元前不知年不知月不知日清晨，壕溝裡傳來一名初生男嬰的哭聲。他被放在一個竹簍裡，身上僅有一條破布蔽體，手腳殘餘著血漬，周遭看不到任何與父母有關的物品。很顯然，他是一名棄嬰，而且是遭到惡意遺棄的那種。

這名棄嬰是周人的祖先，華夏文明的源頭。如同許多創世神話般，文明誕生的故事不免帶點神祕痕跡。史書告訴我們，男嬰的母親名叫姜嫄，是有邰氏的女兒。先前已許配給帝嚳（音同酷），但兩人婚後並未生子，即使到處求神問卜，也沒能懷孕。直到某日，姜嫄有事外出，途中見到地上出現一個龐大的巨人腳印，她覺得十分新鮮，便故意踩踏腳印，沒想到這時身體感應到一股溫暖暢快的力量，接著發生了科學難以解釋的狀況——她懷孕了。十個月之後，姜嫄產下一名男嬰，但她不知道自己發生了什麼事，也不知道孩子的生父是誰。

姜嫄認為孩子不是在正常情況下誕生，自己也沒有能力照顧男嬰，更不敢找丈夫商量。由於實在太害怕，只好選擇遺棄。

用現在的眼光來看，姜嫄根本就是社會新聞裡那些未婚生子的少女。她曾經試圖將嬰孩遺棄在鄉里的狹窄道路上，希望經過的牛馬順勢踩死他，沒想到牛馬居然都選擇避開。又因為害怕被鄰里之人發現，只好帶著嬰兒前往山中樹林，打算把他丟在山中活活餓死，沒想到當日適逢鄉里舉辦愛山登山活動，導致山林人潮眾多，只好作罷。

正當姜嫄愁得不知該如何是好時，赫然發現一個新的方法。由於近日氣溫陡降，大排開始結冰，所以她決定將嬰兒扔進大排活活凍死。沒想到嬰兒才被棄置沒多久，周邊飛鳥居然紛紛飛到身邊，張開翅膀為他保暖，最終被路過的民眾發現。姜嫄看到此等神奇異象，想著應該是老天爺要她留下孩子，只好將嬰兒領回，不再輕易遺棄。

姜嫄領回男嬰後，不僅認真將他養育成人，還取了個名字——「棄」。這個充滿惡趣味的名字，是為了紀念曾經被母親不斷遺棄的過往。

棄長大成人後，已不記得被母親遺棄的往事，不過《詩經》裡倒是有些記載。像是〈大雅・生民〉：

厥初生民，時維姜嫄。生民如何？克禋克祀，以弗無子。履帝武敏歆，攸介攸止；載震載夙，載生載育，時維后稷。誕彌厥月，先生如達。不坼不副，無菑無害。以赫厥靈，上帝不寧。不康禋祀，居然生子。誕寘之隘巷，牛羊腓字之。誕寘之平林，會伐平林；誕寘之寒冰，鳥覆翼之。鳥乃去矣，后稷呱矣。實覃實訏，厥聲載路。誕實匍匐，克岐克嶷，以就口食。

詩歌裡的棄，雖然身世有點可憐，卻是個天才兒童。據說他還在爬行的時候就有知識，甚至還會自己找東西來吃。如同許多高智商的孩子般，棄的社交能力似乎有點低落，他不太參與團體活動，也不喜歡一般男孩的打鬧追逐遊戲，只喜歡一個人安安靜靜在角落觀察各種植物。

很快地，棄不滿足只是觀察植物，開始嘗試種植痲、菽，沒想到都長得很好，於是他立志要朝農業發展。棄認為所謂的朝農業發展，不只是自己喜歡農耕就好，還得去吸收很多相關知識，包括什麼樣的土壤適合什麼樣的作物、如何教人種植等等，所以鄉里從事農耕的人都會來請教他。棄也鼓勵年輕人，要找到自己的志向，做自己喜歡做的事情，同時還要吸收專業知識，才能在這個社會站穩腳步。

然而，令人好奇的是，一個喜歡安安靜靜種植作物的棄，怎麼會踏上政治這條路呢？原來，棄因為農耕的專業知識，被當時的領導人帝堯知道，進而邀請他進入政府擔任要職，展開仕途之路。

棄在政府的第一份工作就是擔任「后稷」。「后稷」是什麼樣的職位呢？后，是主管的意思；稷，則是各種穀物黍稷，所以「后稷」就是農業事務的主管，有點類似今天的農委會主委。這個工作主要教導民眾如何種植作物、面對風險、降低農損，讓很多農民都因此受惠。

棄本來對政治沒有興趣，不想答應這份工作，覺得很麻煩。但是帝堯跟他說：「棄，以前老百姓常常吃不飽飯，現在你當后稷，大家就可以不用餓肚子了。」他實在抵擋不了帝堯的盛情，只好接下來，沒想到做得還不錯，令帝堯非常高興，於是就將「邰」地封給他當領土，還賜姓「姬」。雖然此時的棄已經從中央執政官晉升成地方諸侯，但因為官職形象鮮明，所以人民不叫他「棄」，而是直接稱他為「后稷」。

「后稷」稱號的流傳，說明「棄」靠著專業的知識得到許多人民愛戴。也許，他真正的志向就是好好地把農耕技術傳承下去，希望有一天，老百姓都能夠人人有飯吃。這個願望很小也很大，畢竟，直到三千年後的今天，農耕技術即使已無比發達，仍然有人沒飯吃。

后稷對於小時候差點被母親丟棄，究竟有沒有不滿或難過的心情？我們不得而知。但是似乎可以想見，以后稷的仁慈，他應該只會淡淡一笑地說：「這也沒有什麼啦！雖然差點變成棄嬰，但母親還是努力將我養育成人，反倒是想到母親生下不明嬰兒時的那種恐懼心情，讓人覺得十分不捨。」

后稷的故事在文獻裡流傳千年，是著名的周族起源人物，不過許多學者對這段傳說的真實性抱持懷疑，尤其是后稷在夏朝為官一事。史學家楊寬就引《左傳．昭公廿九年》周太史蔡墨說過的話：「周棄為稷，自商以來祀之。」周太史是掌管歷史和圖籍的官員，就連春秋時代的人都只敢說后稷是從商代以來就受祭祀的，後代的人直接讓后稷穿越時空到夏代，似乎想像力太豐富了些。

再說，根據史書記載，后稷到周文王時代僅僅經歷十七、八個王。可是我們回頭仔細想想，夏朝從大禹到夏桀就經歷了十四世，十七個王，商朝從湯到紂就經歷了十七世，三十一個王，人家夏商總共用了四十八個王才撐起來的時間，結果周民族用十七、八個王就涵蓋了，這簡直說不過去呀！當然，這並不是要因此推翻后稷和周民族之間的關係，歷史學家要告訴我們的是，像這類某民族起源的故事，多半還是要用神話傳說角度理解，后稷之所以成為周民族的祖先，大概跟他是農神的緣故有關，周人畢竟是個重視農耕的民族，所以將農神當作自己民族

的起源，還是很合理的。

最後來談談后稷的名字——「棄」。這個字的甲骨文結構為「」，像雙手拿著畚箕把嬰兒丟掉，嬰兒身旁的小點可能是血水，本義就是棄嬰，後來引申為拋棄。這麼社會新聞畫面的結構，到了金文還是如此，只是把畚箕換成了竹簍，寫成「」。至於簡帛上的「棄」字就更瘋狂了，寫成「」，連畚箕跟竹簍都不需要，直接用雙手把小嬰兒給丟掉。小篆「」是走比較傳統的路線，許慎《說文解字》說：「棄，捐也。从廾推𠦒棄之，从𠫓。𠫓，逆子也。弃，古文棄。棄，籀文棄。」顯然到了漢朝，「棄」字的構形和意義都沒變太多。事實上，我們今天寫的「棄」還是丟棄嬰兒的樣子，只是嬰兒和血水變形為「𠫓」，雙手部分則變成類似「木」的形體，中間複雜的筆畫則是畚箕造型。

談到這裡，希望能讓大家瞭解「棄」字的演變源流，同時也稍微瞭解后稷的故事。這麼一個從棄嬰變成農神的戲劇性故事，不僅被周人津津樂道，更是周民族歷史的精彩第一頁呀！

2 成家難？周朝無殼蝸牛好辛苦

青年成家好困難，「三十而立」不容易。高房價使晉升有殼族的年齡隨之攀升，也成為臺灣青年最大的生活痛苦之一。但是這可不是只有現代人才有的煩惱，西周初期的青年也為了「有殼」拚盡全力。

擁有一個舒適的「家」，應是很多人最重要的夢想之一，不過如何找到安身立命的所在，卻是自古以來不變的難題。周民族在后稷成為農業之神以後，不但沒有因此形成農業社會安土重遷的傳統，反而展開了一連串的遷徙之路，最主要的關鍵就在於后稷兒子不窋（音同竹）的辭職。

據說后稷死後，由兒子不窋接任夏朝的農委會主委，繼續掌管農業相關事務。然而，不窋晚年政權動盪不安，大環境不理想，於是他憤而辭職，從此退出政壇。「去稷不務」的不窋為表明決心，特地搬離位在邰地的官邸，住到以游牧業為主的戎狄之間，希望往後能展開快樂的游牧生活，從此告別農業。不過，周人終究是以種植作物見長的民族，不窋的孫子公劉並沒有遵守祖父遺訓，反而重拾本行，再開后稷傳下來的農耕事業。

周人的農耕事業第二春，據說非常成功。公劉攢下大筆財富後，不想再隨著游牧民族到處移動，便於豳（音同彬）地建屋立國，安頓下來。周人在豳地共住了九代，直到第九代宗主古公亶（音同膽）父當家時，又一次面臨搬家的難題。

這次是怎麼回事呢？據說，古公亶父是一位非常仁厚的當家主子，大家都很喜歡他，可是他的缺點就是太仁厚了。有多仁厚？大約就是人家要什麼就給什麼的程度。

古公亶父當家時，隔壁的薰育戎狄動不動就來勒索，有時要錢，有時要牛羊，也有討過毛皮、布匹或珠寶等，如果不從，就嚷嚷著要發動戰爭。每次遇到這種情形，大方的古公亶父總是毫無保留地回應對方需求，然後說：「面對敵人逼迫，我們免疫力強，不要理他就是了。」

雖說游牧民族確實比農耕民族辛苦些，但是這樣的行為卻助長了薰育戎狄的貪婪之心。於是慢慢地從要牛羊錢財晉級到勒索土地跟人民，看著薰育戎狄這樣侵門踏戶，豳地人民自然非常不爽，紛紛回家抄了傢伙就要決一死戰，沒想到古公亶父卻叫大家冷靜一點，悠悠地說：「人民之所以擁立君主，是因為君主會為他們謀福利。現在因為想要我的土地跟人民，戎狄要來攻擊我們，但事實上，人民屬於我或屬於戎狄，其實也沒有什麼差別啦，華夷一家親嘛！你們今天因為我的原因跟戎狄戰鬥，去挑釁人家，把人家當壞人，殺了他們的父親兒子，然後統治他們，我自己是不忍心這樣做啦！」就在大家一片錯愕之際，古公亶父選擇了瀟灑離開，和自己親近的部屬連夜搬離豳地，渡過漆水、沮水，翻過梁山，最後落腳在岐山腳下。

雖然古公亶父認為華夷一家親，被誰統治都沒差，但豳地人民還是不願接受被戎狄政權領導，於是扶老攜幼追隨古公亶父的腳步遠離故土。經過這一連串搬家遷徙，周民族才終於找到自己的應許之地，也就是岐山腳下的周原。

有許多人好奇，周人落腳周原以前，曾經住過的地方都是現在的哪裡呢？以前學者根據文獻記載的地名，推測后稷受封的邰地，可能是今天陝西省武功縣一帶；公劉定居的豳地，則是陝西省旬邑縣或邠（音同彬）縣；古公亶父落腳的周原，就是現今陝西省岐山、扶風縣一帶。換句話說，周民族雖然搬來搬去，但基本上還是以涇、渭流域為主要活動範圍。

此外，也有一些證據顯示不同訊息，像史學家錢穆便認為周人是從山西南部遷徙到陝西，

涇渭流域

而周、豳都是原來山西老家的地名。若從考古遺址來看，陝甘地區也都有不少先周文化（按：考古學術語，指周武王建國以前的周人文化）的遺存，說明早期周民族的遷徙移動可能並不限於陝西省的涇、渭流域。

從這段記載顯示，不只現在的臺灣青年，早期周民族的成家之路也十分坎坷。想要找一個理想的居住地，需要天時、地利、人和，儘管古代沒有高房價的問題，但是充足的生存條件以及安全的周邊環境，也都需要費心找尋。最後，希望人人都能像周民族那樣幸運，越過困難重重的成家障礙，找到屬於自己的周原。

漢字文化專欄

「家」是人們居住的地方，也是身體或心靈最重要的避風港，不過很多人覺得奇怪，既然「家」住的是人，「宀」又是指房子的意思，為什麼在「家」裡頭待著的不是人，而是「豕（豬）」呢？目前最常見的說法，是認為古人會在家中豢養豬隻，有家的地方必然有小豬，所以才从豕不从人。如此推論，關鍵處在於商朝人到底會不會在家裡養豬，而從祭祀卜辭所見的豬隻使用數量，還有現今中國雲貴一帶仍有少數民族會在住家樓下養豬的生活習慣看來，商朝人在家裡圈養豬隻的可能性相當高，所以大致可以信從這個說法。

「家」這個字早在甲骨、金文就很常見，甲骨文寫成「」形，金文寫成「」形，但也有非常圖案式的「」形，對照今天的形體，可以說沒有太大改變。我們想進一步討論的是，從古至今，「家」的意思有沒有什麼樣的不同呢？

在甲骨卜辭裡，可以見到「上甲家」、「父丁家」、「父庚家」、「母辛家」等等說法，這可不是我們今天常說的「小明家」、「小英家」，更不是「吉野家」、「すき家」，這裡的上甲、父丁、父庚、母辛都是已經過世的列祖列宗，那他們的「家」是哪裡？我想讀者心裡應該已經有數。後代子孫不會沒事就跑去祖先「家」，要去一定是有事，有事當然就是拜拜，所以甲骨文的「家」顯然是祭祀祖先的場所，也就是宗廟或祖廟。

除此之外，「家」還有另一層意義指家族，甲骨文有出現「我家舊臣亡害我」的說法，這裡「我家」就比較接近我的家族之意。畢竟「家」原本若有祖先宗廟的意思，那麼引申出家族意義也是很合理。

「家」的這個意義在周代文獻及金文裡又被發揚光大，像是《尚書．大誥》「天降割于我家」，意思是說上天降下了災禍給我的家族。西周金文裡有「王家」的說法，從語意上看來似乎是指周王的個人家庭，不過周天子也曾任命官員去管理王家，像是〈蔡簋〉的器主蔡就被任命「司王家內外」，也就是管理一切跟王家有關的事務。不同於殷商時期「家」既是祖先宗廟又是個人家族的政治與祭祀合一狀態，西周時期的「王家」似乎逐漸跟朝廷事務區隔開來。甚至有學者認為，王家可能有自己的官員、臣妾僕傭、手工業者以及隨從，是一套獨立於朝廷之外的運行制度。此外，商周時期的「家」還可以指奴隸家戶，像是〈令鼎〉「余其舍汝臣卅家」、〈頌鼎〉「令汝官司成周賈廿家」、〈叔尸鐘〉「釐僕三百又五十家」等等，都是天子或君王以「家」為單位賞賜臣僕給器主。

大體來說，「家」的意義在兩周時期就相當穩定了，家族與單位的意義甚至沿用至今。然而，「家」字雖然好寫，也不難理解，可真正涵義卻是需要多多琢磨，我們常常說「我們這一家」或「ＸＸ一家親」，但究竟怎樣才算是「家」呢？是血緣還是感情？抑或是認同？「成家」之難，絕非只有地點和房價，而是還有各種問題值得我們深思及克服的。

3 阿公指定真金孫，昌昌帶你衝衝衝

前回我們說到周人的大和平家——古公亶父，因為他不想讓百姓捲入戰火，於是要大家接受戎狄統治，獨自遷往南方的周原做個南漂中年。這種落跑行徑怎麼能被百姓接受？古公亶父不抵抗就算了，還把民眾丟給常來勒索錢財的戎狄，於是大家扶老攜幼，離鄉背井，誓要追上古公亶父。有了這群不離不棄的鐵票，古公亶父跟他的鐵粉就在周原開始了新的生活。

面對敵人不抵抗反而落跑，這種行徑已讓人感覺詭異離奇，但古公亶父還有更讓人匪夷所思的行為。據《史記》記載，古公亶父生了三個孩子：長子太伯，次子虞仲，三子季歷。你看古人取名多簡單，伯仲叔季直接省了一個字的空間。

三子季歷有個兒子，叫「昌」。對！他就是鼎鼎大名的周文王「昌」。據說這孩子出生時金光閃閃、瑞氣千條，天女散花、神使報信，總之他就是那個「choosen one」，天選之人啦！

古公亶父於是說：「我世當有興者，其在昌乎？」（我們這世代應該會出個彌賽亞救世主，感覺就是這個阿昌了！）聽起來很合理，但是古代講究嫡長繼承，阿昌的順位排在很後面。長子太伯和次子虞仲聽到阿爸的話，就知道阿爸古公亶父想要他們這個侄子阿昌繼承王位。這樣的話，太伯和虞仲就成了天選之人阿昌繼承路上的絆腳石，該怎麼辦才好呢？

為了不讓古公亶父傷腦筋，也不希望才剛開始創業就搞出宮廷鬥爭，太伯跟虞仲兩兄弟便宣布退選，為了不讓任何有心人操弄，他們做了非常決絕的行動——斷髮紋身，並仿效他們的南漂老爸，也南漂到蠻夷居住的地區，與他們融為一體。這已經不是退選了，根本就是退黨加上放棄國籍，歸化他國。古公亶父的兩個兒子，就是這麼識大體、懂事、乖！

長子、次子都出走，三弟季歷不想當也不行，反正金孫阿昌已經被阿公指定為繼承人了。後來也有發生類似的事件，像清帝國乾隆皇帝，早年被阿公康熙寵愛，甚至被阿公說：「是命貴重，福將過予。」雖然不到古公亶父那樣明目張膽地搞隔代指定繼承，也已經被後世看成是爺爺欽定了。

從後世的角度看，周文王阿昌還真的是天選之人，展現了他卓越的政治才華，親民禮賢，公正果決，一步步拉攏人心，並且兼併其他國家。在此之餘，傳說他還推衍了《周易》，本來只有八卦，在他手中開了個平方，變成六十四卦，從三爻變六爻，可以占卜的時空情勢大為增加，從而開啟了延續至今的周易研究小宇宙。

故事說到這裡，後續的事大家可能都在歷史故事或影視劇中看過，我們在《穿越吧吉祥話》一書也說過文王、武王取代商紂王的故事。也許讀者會覺得有點煩躁，為什麼姬昌不叫姬昌，我們偏要叫他阿昌？

因為，當我們叫姬昌的時候，其實就是把周文王當女性看待了。

我們現在講姓氏，是兩個字組成一個概念，即一個人的家族血脈源流。如陳郡謝氏、太原王氏、泰山羊氏、京兆杜氏等。可是在周朝，姓跟氏是不同的兩件事。

話說最初的氏族部落年代，只有族名，族名還可以很多樣化。像輔佐商湯滅夏的伊尹，在甲骨文中，他的後裔有時稱伊族，有時稱黃族。與商王國相關的部族也有望族，其族人有個很能打仗又聽命於商王國的將軍「望乘」，也有個不服商王國的部落首領稱「望戉」。這狀況不奇怪，舉例來說，同樣是原住民中同一族，有的「社」對日本人聽話，有的則不然，不要拿現代國族觀去看古人。

到了周王國代商國成為中原共主後，出於聯姻或聯盟等目的，給天下各族頒姓，辨明各部族的源流，舜之後的所有雜支部族都統稱媯姓，禹之後為姒姓，周人自屬姬姓。原則上是同姓不婚，讓各部落實現跨出同溫層的交流融合。於是周人創造了最有名的上古八大姓：妊、姬、姜、姒、嬴、妘、媯、姚，以下簡稱為古姓。除此之外還有一些奇奇怪怪的小古姓出現在青銅器上，總體數量還是比原本普遍存在的「氏」要少很多。

從現在的角度來看，「古姓」是在「氏」的架構上疊床架屋而來。但從古代的角度看，他們認為這是追本溯源的歸類區分。國學大師王國維在其名作《殷周制度論》說：「男女的分別，周朝比以前要嚴格。男子以氏稱呼，女子用姓稱呼，周朝都是這樣做的。上古時期，女生其實不用姓稱呼自己。」又說：「而同姓不婚這種制度，實際上從周朝才開始；女子用姓自稱，也是周朝人的發明。」

雖然事情從這裡開始變得複雜起來，不過在青銅器裡，這個規律還是極其明顯的。男生怎麼稱呼自己？用氏。以這次的金孫阿昌為例，他自稱「昌」，別人稱他要稱王，或是周昌，但你若是叫他姬昌，那就是把周文王女性化了。雖然現代很喜歡把歷史人物娘化萌化，但古人的規矩就是不能這樣叫。所以像昌哥他的小孩「周公旦」，就不要再問為什麼「姬旦」這麼像「雞蛋」了，人家本來就該叫周公旦或是周旦。

以前給《資治通鑑》做白話翻譯的柏楊先生，就在他的書裡頻繁地犯了這個錯誤。因為他很討厭給古人加謚號的醬缸文化，因此一律都用姓名直稱。這在漢朝以後還沒問題，漢朝以前就會頻繁出現嬴任好（秦穆公）、姬重耳（晉文公）、姒文命（禹）這類荒誕的稱呼。

這種荒誕的稱呼集大成者，莫過於秦始皇嬴政，從古代就一路錯到現代，實在也不是現代人的錯，從漢、魏開始就分不清姓和氏，所以大家就一路錯下去。近年出現的北京大學所收藏的漢代竹簡中，有一本古書《趙政書》講的就是秦始皇的事，裡面就叫秦王「趙政」。為什麼用「趙」呢？一個說法是秦人跟趙人都是嬴姓後代，所以用趙為氏。但這說法有點奇怪，秦強趙弱，以趙為氏圖的是什麼？也有說法是秦王政是趙國出身，也就這麼稱呼他了，就像三重劉德華一樣，不是什麼多正規的稱呼。

人跟人的稱呼，特別是在漢語裡，其實存在很多「眉角」。現在的人喜歡直接稱對方的名表示親暱，放在古代可是大大不妥，因為只有長輩才可以直稱晚輩本名。所以古人成年後會起個「字」，便於平輩之間相稱。國文課本中，作者又有名、又有字，總讓人背得很煩。但因為叫本名太冒犯，叫職稱太疏遠，平輩間總要有個比較親近的稱呼，這可說是非常自然而然的需求。

假如我們想要復古，或是穿越回古代，該怎麼給自己起稱呼？又該怎麼稱呼別人呢？如果不想裝熟，我們通常會稱對方先生、女士；在周朝，我們會稱某父（甫）、某母，像是男性有仲山父（仲是排行，山父是字），女性有季姬福母（季是排行，姬是姓，福母是字）。

有時我們會稱姓加上對方職業，像是張老師、陳護理師、楊教授等。古人也更習慣於稱呼對方的職稱，特別是對尊敬的對象，像是晉侯、司空、司馬等等。

還有一種最普遍的作法，那就是稱排行。有名的唐詩〈問劉十九〉：「綠螘新醅酒，紅泥小火爐。晚來天欲雪，能飲一杯無？」劉十九就是劉禹錫在兄弟間的排行，畢竟古人多妻妾嘛，生很多很正常，你看白居易就叫「白二十二」，都比現在候選人編號要多了。周代的話，通常稱伯（或孟）、仲、叔、季，比方說孟姜。又或者像大軍師司馬懿他家兄弟就是司馬伯達、司馬仲達、司馬叔達、司馬季達，真是超簡單取名法。更有甚者，某家的次子或三、四子特別興旺，在周朝還能另開新宗。像虢氏，開出了虢季氏；井氏，開出了井叔氏。井氏在井叔之外，還有一支分支叫「奠井氏」，意思是在奠這個地方的井氏分支，意思類似於現在會叫某地的親戚，像松山姑姑、溪湖阿姨、屏東叔叔。

雖然周朝貴族愉快地玩著標榜家門的姓氏制度，但隨著周王朝和東方六國一起被秦埋葬，許多貴族失去封地，姓、氏之別也就失去了文化的根基。原本涇渭分明的姓跟氏也就隨之混同，很難再分辨出來。更不要說經過好幾次的種族遷徙、融合、分化，這些古姓大多封印在古書和銅器裡，成為歷史的陳跡。現代人當然可以隨便叫周文王昌為姬昌，不過要記得的是，阿昌當時的人，可是不會這樣叫他的喔。

天選之人周王阿昌，因為他是阿公欽定的隔代繼承人，從而導致一連串的政治事件，真的是金孫中的典範。說到「孫」，這個字古代跟現在差不了多少，寫成「」，一個子牽著一串絲，象徵子孫如絲線接續的意思。自然界的纖維長度總是有限，靠著捻線、紡線才能做成一團長線。這根絲線，總是牢牢接在這個孩子的手上，非常頑固，從商到周，很少有人寫成分開的。古人雖然有時寫字挺隨意的，上下左右可以顛倒，有些部首還可以省略不寫，但「孫子手上絲」這個用字習慣頗為頑強，在古文字裡很少被改掉。

這個現象一直到戰國時代才被打破，一些人寫字開始把「子」跟「糸」分開來寫，於是這個整體的會意字就被打破分割。除了「孫」字，一些跟「糸／系」有關的字，都有曾經形如一體，而今同床異夢的狀況。

現在常見的「縣」字，原本跟「縣市」這意思八竿子打不著關係，之所以人

格丕變，是因為「縣」經歷過一場李代桃僵的故事。「縣」本來的意思很可怕，指的是吊掛人頭。因為後來長期被借用為直轄行政區，古人不想搞混這兩個意思，於是給原本掛人頭的意思加了「心」，於是就有了「懸」。

從懸掛人頭引申為懸掛一切物品，這是從小範圍引申涵蓋到大範圍的轉變。也由於懸掛在半空不是事物的常態，最終必然要落地，因此事情「懸而未決」也指事情尚未落地的意思。

博學的讀者可能會問，古書裡有「懸諸日月而不刊」（「刊」是從竹簡上削除字跡的意思），可日月永遠懸掛在空中，這可是世界的常態啊？怎麼會說懸掛不是常態呢？別急，仔細想想，形容某本書懸掛在日月上面，永遠不消失，這聽起來不是很怪嗎？其實這可能是個誤字，學者指出，漢代時「緜」跟「縣」字形相近，現在看起來這兩個字也挺像的。這兩個字在古代混淆情況不少，才造成這樣的結果。「懸諸日月而不刊」本來應該是「緜諸日月而不刊」，也就是與日月一起緜延存在而不被消滅。

話說回頭，「縣」這個字，原本寫得就有點殘酷：「」。木頭在左，絲線連接著右邊的眼睛，眼睛象徵頭，頗有死不瞑目的感覺。「縣」原始形體還是很

象形的，只是到了戰國時代，「木」被移到「目」下，絲線「糸」獨立在右邊，「糸」跟「首」雖在一字之內，卻並不相連，縣字也就看不出有懸掛的意思了。

為什麼完整的象形、會意字要被拆開呢？其實這也很合理：隨著漢字和書寫需求日益增多，人們會希望漢字內的零件，都由學過的基礎漢字拼湊起來的，造就了「偏旁成字化」的浪潮。一些很怪的、極不便於書寫的字，漸漸就被規範化。「穆」字就是這個現象的最佳案例，原本寫作「」，象植物開花結實的樣子。後來左邊的花跟右邊的莖稈脫離了，花朵變成「白」，底下的穗變成「彡」，都是漢字的通用構件，於是就成了「穆」字。

《說文解字》作者不明白這點，硬生生造出個「㣎」字，說「穆」就是「禾」加上「㣎」。其實「㣎」字從來沒有出現過，許慎這個拆分，可說是經典的捏造漢字案例。這種事可比「孫」、「縣」要嚴重多了，起碼這兩個字還拼湊得回去，「穆」字若不回去看古文字本形，就很難看出原本是個象形字了。

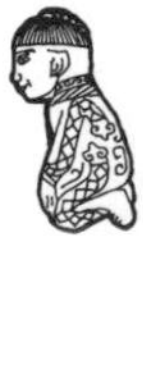

4 阿發狠嗆紂王，撿到槍？誰才是對的人？

前頭說到，天選之人阿昌為周國打下豐厚的政治基礎，也迎來了殷、周爭霸的開端。正當更進一步之時，周文王阿昌回天界去了。雖然阿昌駕崩讓人意外，但繼任的現任黨主席阿發（周武王）仍頗得人望。他繼承父業，秣馬厲兵，準備問鼎天子之位。

為了爭取群眾認同，武王阿發重批殷商黨主席紂王，言辭犀利，直指殷商主席紂王是黑道治國，又聽信婦人之言。這番發言讓眾人驚嘆，大呼阿發是撿到槍，還是撿到核彈頭？

另一方面，紂王自恃數百年基業從未政黨輪替，不信民調，更不懼抗議。相傳紂王乃健身狂人，力氣奇大，可以手撕猛獸。如果你以為紂王只長肌肉不長腦袋，那就錯了。據說他自稱智商很高，向來不聽勸，因為在他眼裡，根本不用考慮那些愚民之言。

由於紂王倒行逆施，專制獨裁，從阿發的父親兼前任黨主席昌哥開始，就已經謀劃要政黨輪替。經過昌哥苦心經營，周人從一個地區小黨，成為僅次於殷商的第二大黨，許多各地的賢達人士紛紛入黨，令人側目。另一個殷商側翼「崇國」察覺不妙，便勸紂王及早「處理」自稱天選之人的阿昌，於是紂王就把昌哥送去羑里（羑音友）當政治犯關押。

受昌哥感召的賢達人士也不是只會清談的花瓶，他們發動賄賂攻勢，哄騙紂王特赦昌哥，為了補償，紂王讓出一部分選區給昌哥。此後周人日漸坐大，樁腳與聲望與日俱增。而後昌哥過世，由阿發接任主席，開始了自商湯革命後的第二次政黨輪替。

經過阿發的努力牽線，他帶著一大票幹部、黨工、側翼、記者，浩浩蕩蕩來到靠近大邑商黨中央的牧野地區召開記者會。為了擔心後世有人將阿發的談話斷章取義，古代的史官們將其言論做成逐字稿，編進大家都聽過的《尚書》。

這趟征程真是遠啊！西區的百姓們！哎！我們泛周陣營的友黨，我們的各級幹部、大小黨工，以及來自遠方的庸、蜀、羌、髳、微、盧、彭、濮八個部族的頭目，通通給我注意啊！把你們的傢伙準備好，今天就是我們的造勢誓師大會。

以前的人說過：「母雞沒法叫人早起，如果一個家淪落到要母雞叫人早起，那就完蛋啦！」今天大邑商黨主席紂王，只聽他寵妃的枕邊風，不把神明放在眼裡，也不好好拜拜，更不給他那些受過良好教育的同宗兄弟安排個好去處。

那他都用什麼人當官呢？可惡的紂王政府高層，竟然任用各地有犯罪紀錄的通緝犯，根本就是黑幫還巢！他讓前科犯出任機要，還給他們充分的信任授權，讓這些腐敗的壞人去魚肉百姓、聚斂黨產，在國內製造弊案，造謠抹黑。

今天我阿發要代替上天懲罰大邑商這個腐朽的政黨，聽好啦！我們要團結一致，不要莽撞冒進，胡亂發文罵人。我們要像老虎、黑熊一樣勇猛向前，但不要追打那些泛商陣營中沒與我們作對的人，要讓他們成為我們的側翼。

大家努力啊！這是最後一戰！流汗總比流血好，努力啊！

結局正如我們所熟知的那樣，周武王阿發順利擊敗紂王，實現了中原第二次政黨輪替，失敗的大邑商被拆分成幾個小黨；一些黨幹部，像是文史工作者微史家族見情勢不妙，集體退黨，火速申請入周。他們本來是殷商所屬的文史工作者，卻在阿發打過來的時候喜迎王師，家族一路興盛到西周晚期，實在是機智的政壇變色龍。

這次政黨輪替，表面是為了推翻大邑商獨裁政權，然而一份小邦周黨部的內部檔案卻顯示，為了推翻獨裁政權，犧牲了很多人的生命，甚至血流成河。對此，繼孔子之後，偉大的時事評論家孟軻（孟子），表示這種小道消息根本不值得相信，甚至說出「盡信書，不如無書」這樣辛辣的言論。

為什麼呢？因為孟軻相信「周」是世界上最好的政黨，武王阿發是民族的救星，是仁義道德完美的聖人。依據「軻學」的理論，仁者自帶一種強大的氣場，仁者出兵，敵國百姓會跪求解放，以迎王師。如果仁者不出兵，鄰國百姓就會用腳投票，紛紛移民入籍，直到鄰國再無百姓。無民不成國，天下自然一統。

所以，被儒家認證的聖君仁者阿發，怎麼可能會有動刀動槍的事呢？那些說周武王伐商血流成河的古書說詞，絕對都是假新聞、謠言。這，就是「軻學」！

雖然我們認為「軻學」蘊含的哲學與道德價值是極好的，它鼓勵我們努力培養「同理心」，並打通「惻隱」、「羞惡」、「辭讓」、「是非」四大經脈，人人都可以成為偉大的聖人！但「軻學」這種只相信自己願意相信的說解，自然不會被史學家正經看待。一些接受馬克思階級鬥爭思想的史學家，認為大邑商政府剝削壓榨血汗勞工，首都爆發大暴動，於是裡應外合，一舉消滅商王朝。因為裡應外合，自然就有那種小邦周開啟聖人力場，使商的人民倒戈卸甲、以禮來降的說法。像微史家族這樣的背骨仔，也為這種說法提供證明。

另外也有一些無法確定是不是官方正宗的報導指出，武王其實透過相當暴力的方式奪權。《逸周書．世俘》裡就記載紂王倒台後，武王讓部下追殺紂王的側翼支持者，燒殺擄掠，有九十九個小黨被解散，死傷十幾萬人。這數字雖然誇張了點，但恐怕也不是空穴來風。

如同紂王的罪證一樣，周武王阿發的指證也未必可信。孔子的有錢學生子貢就說過：「做人喔！不要輕易站上一個惡人的位置，之後就算不是你做的惡，都會算在你頭上喔！」這當然意味著後世所流傳的紂王罪狀，很多都是亂加的。

到了現代，網路上有鄉民給紂王洗白，竟將阿發的撿到槍發言反過來解釋。這種說法將阿發指責的聽信婦人之言講成男女平權的先鋒，將不用家人宗親說成任人唯賢，將不敬鬼神沒拜拜詮釋成人本精神。這種顛覆性的說法無疑相當吸引人，紂王簡直就像個時空穿越者，可惜的是，這種說法多數都是經不起檢驗的。

首先，這類解釋都缺乏紂王時期的史料佐證。甲骨文是商代主要史料來源，這種占卜紀錄集中在宮廷大小事，商王在意什麼，你才能看到什麼。王不在意的事，就毋庸占卜，自然在甲骨文中就見不到了。像是宮廷禮儀、官員晉升、商品買賣這些西周金文可以看到的，在甲骨文就很罕見。相對來說，我們不會基於西周青銅器沒有記錄敗仗，就推論周朝對外戰爭勝多敗少。因為青銅器的性質就像比賽獎盃一樣，誰會因為失敗拿到獎盃呢？所以西周青銅器戰爭銘文的內容，不是戰勝，就是反敗為勝。

而且目前發現的甲骨文記錄時間主要集中在商王武丁一代，這已經是商代晚期了。在這之前還有二十個王，幾乎沒有他們的甲骨文留存。往後來看，從武丁之後還有七個王才傳位到紂王。其中武丁被甲骨學家列為第一期，帝乙、紂王是第五期。不幸的是帝乙、紂王這兩代甲骨文資料相比第一期武丁還要少得很多，我們根本看不出來有明顯的兩性平權、任人唯賢、人本精神。

反過來說，沒有材料就能說一定沒有嗎？未必，無論是說有或說沒有。缺乏史料證明，這應該是最令史學家沮喪的事了，以一般大眾的角度，歷史應該要努力去追尋唯一的真相啊！可世界上真的存在絕對的真相嗎？這又陷入了玄之又玄的哲學問題裡了。最終，我們也只能說，鄉民洗白紂王的說法，缺乏可靠的佐證。

一件事，可以有兩種截然不同的解釋；一個漢字，也可能有兩種完全相反的説法。這現象可不是什麼只存在於古書的化石，現在漢語中也存在著，我們口語上會説「你要乖」，又會在某些報導上説嫌犯性格「乖張易怒」。這個「乖」顯然就不是什麼好詞，意思是行事叛逆、不溫順聽話。

古代的大詞典——十三經之一的《爾雅》中，就有「故，今也」。注解《爾雅》的大風水家、大方術師郭璞在這麼離奇的條目下面説：「今亦為故，故亦為今。此義相反而兼通者。」這種反向解釋祕術被後世稱為「反訓」，簡直打開了一扇禁忌之門！如果詞義正著解釋也行，反著解釋也行，那就很可怕了。「要」就是「不要」，「不要」就是「要」，這樣大家還不等著天天排隊上法院？

這樣講還是有點玄虛？沒關係，在大家從小就熟悉的《論語》裡也有這樣的實例：

> 舜有臣五人而天下治。武王曰：「予有亂臣十人。」孔子曰：「才難，不其然乎？唐虞之際，於斯為盛。有婦人焉，九人而已。三分天下有其二，以服事殷。周之德，其可謂至德也已矣。」

這裡的意思是說，舜用了五個臣子就把天下治理得很好。周武王說我有十個「亂臣」。孔子說：「人才難得啊！不是嗎？古代，那可是聖人的時代，武王的十個臣子，扣掉其中有位女性，剩下不過九個人。周文王掌握天下三分之二的國土，還是謹守作為殷商藩屬的臣德，真的是了不起！」

孔子的潛台詞是，即使聖人當道，人才也不過區區五人到十人，扣掉女性，算九人。所以說，人才是真的難得啊！話說回頭，原文裡「亂臣」就讓大家很尷尬，武王怎麼會說自己有亂臣賊子十人呢！

這些問題在古書或是現代的漢語裡都有，過去可以用大風水師郭璞的「反訓」祕術處理，說漢字本來就有這種正反同字的狀況。但是隨著語言學等學術的推進，學者眉頭一皺，是越想越不對勁，反對反訓的說法便到處開花。

純粹的「反訓」不敢說一定沒有，但現在看到的多數反訓，都有各自的成因。前面說的「乖」，古書裡都是叛逆不聽話，一般只在白話口語做乖順的意思，來源、用法都不同，可以看作方言或語言演變的影響，而不是一個字詞最開始就是正反相兼的。

除了時間這把殺豬刀外，像「亂」字，「爫」跟「又」是整理絲線的兩隻手。中間的「マ」與「ム」上下接起來就是個「8」，是「絲」字的一半，象徵絲線。卡在「マ」與「ム」中間的「冂」是裝載絲線的架子。在古文字裡寫成「」，就更像用雙手整理絲線的樣子了。「亂」字就是「整理」的意思，要被整理的東西那一定是亂的，因此也有了「混亂」的意思。只不過這個「整理」的意思非常少見，可以推測在很早的時候，「亂」的整理本義就消失了，取而代之的是混亂、搞亂占了上風。另一種說法是古文字表示管理的「𤔔」字與「亂」字長得太像，古人眼一歪、手一抖，一錯定終身啊。

這個現象跟「糞」也很像，現在寫成米田共，也是亂了套。小篆寫成像雙手持畚箕把垃圾丟出去的樣子。「共」是雙手，「田」是畚箕，「米」不是米，而是要被丟棄的垃圾，用幾個點表示垃圾，完美。甲骨文寫成「」就更能表現

出掃地丟垃圾的樣子了。與「亂」同理，從打掃變成被打掃的東西，最需要被打掃的東西，那當然就是大便啦！

關於反訓的問題還有很多，像「置」兼有「棄置」跟「設置」二義，「仇」有「匹配」（《詩》「君子好逑」其實是「君子好仇」，意思是君子的好配偶）也有「仇敵」的意思。這些正反兼備的漢字都有它們複雜的成因，並不是一開始就長成自相矛盾的樣子，很難一以概之。

所謂「反訓」只是過去對語言現象不能追本溯源的權宜解釋，終究還得找出一個形成原因。像「冤家」，本來是指仇家，可所謂「愛的相反不是恨，是陌生」，或是「相愛相殺」，以及「不是冤家不聚頭」，在這些詞義延伸下，「冤家」也就成了愛人的代稱。

5 大不敬！這款信徒居然當眾要脅神明

自古以來，人民對神明多半充滿敬意，虔誠祈求心願實現，但是西周初年周原的一名青年，因為擔心哥哥久病未癒，於是設壇祭祀，禱辭說到激動處，居然當眾要脅神明，不僅嚇壞旁觀眾人，同時引來許多質疑。

這個膽敢威脅神明的兔崽子是誰呢？相信大家應該都認識他，他姓姬名旦，人稱周公，是周文王的第四個孩子，也是周武王的親弟弟。關於他威脅神明的故事，有兩個版本，一個是《尚書》版本，一個是近幾年出現的清華簡版本。兩版本相差不大，都是在說大聖人周公威脅神明的經過。

阿旦為人篤實，做事盡心盡力，經常為周朝的政治事務奔走。他曾追隨父親文王、哥哥武王的伐商大業，沒想到，就在剛剛推翻商朝的第二年，親愛的哥哥居然生了重病，遲遲沒有痊癒。焦急的大臣們日夜占卜武王病情，可惜總沒有個好結果，阿旦眼看這樣下去不是辦法，便自告奮勇設壇祭祀神明。

祭祀當天，周公旦先請人除草整地，清理出一塊「墠」（音同山），然後堆出三座土台作為祭壇。在所有祭品擺設好之後，周公登上祭壇，面向北方，設置好祭神用的玉璧，手裡拿著玉珪，對著周朝的列祖列宗——太王、王季跟文王，開始了禱告。

周公對著天上的祖先說：

你們的長孫阿發，最近遭遇嚴重的疾病。說真的，你們三位先王，實在是有好好保佑後代子孫的責任。不然這樣，就讓我阿旦代替阿發被你們召喚好了。我非常仁厚又很孝順，也多才多藝，侍奉鬼神這種事情完全沒有問題。你們那個長孫阿發沒有我懂玩啦，沒辦法侍奉鬼神的。所以就讓他好好在人間做事，這樣老百姓才有錢有閒去拜你們這些大神明！今天，我就用這個大龜來占卜，你們如果願意答應不帶我哥哥上天，我就獻上珍貴的玉璧和玉珪；你們如果不答應，那我就把這些祭品通通收回去，藏起來，不給你們喔！

在場眾人沒想到周公竟然可以這樣要脅列祖列宗，嚇都嚇壞了。雖然不知神明是不是被他的霸氣給震懾，總之，占卜的結果居然都是「吉」。周公看了卜兆，悠悠地說：「好的，神明說武王會沒事的。三位祖先看來願意想遠一點，也是看到了我的誠心吧！」說完便直接回了宮殿，還把當日威脅神明的事記錄在典冊之中，好好地保存在櫃子裡。說也奇怪，周武王的病居然第二天就好轉了。

民俗專家不是都會警告大家，對神明不敬會有報應嗎？這樣我們怎麼教小孩！不過，這之後也不是完全沒壞事，因為武王好轉了一陣子，還是駕崩了。武王死後不久，周公旦的兄弟管叔、蔡叔及其他人就開始到處放話，說什麼「周公旦可能想要謀害年幼的成王」。一時之間傳言四起，大家紛紛討論周公到底有沒有要問鼎大位，偏偏他遲遲不肯表態，只跟其他人說：「我如果不去避一下風頭，實在沒辦法跟先王交代呀！」說罷就瀟灑離開，政壇要人誰也連絡不上他。

後來，大家才知道周公跑到東方隱居兩年，這段期間製造假新聞、企圖謀反的管叔、蔡叔終於陰謀暴露，周公才寫了一首詩給侄子周成王表其忠心。恰逢那年秋天穀物熟成，天氣驟變，狂風暴雨又雷電交加，打壞了成熟的穀子，大樹也因此傾頹。人民看到此情此景非常驚恐，害怕是神明降罪。成王便想到周公當年跟神明有過誓言，便整理衣冠，帶上百官，恭敬地開啟當初周公封存的櫃子。

成王見到書裡寫著當年周公要代替哥哥犧牲的往事，相當震驚，連忙詢問史官詳情。史官回答：「確實如書上所言。只是周公要我們簽保密條款，我們都不敢說呀！」成王看著書冊不禁淚流滿面，說道：「過去周公這樣為王家盡心盡力，我卻不明白，誤會了叔叔那麼多年。現在連上天都動怒了，為他抱屈，我得趕快將叔叔迎回王都，以國家之禮對待才是。」

成王到郊外迎接周公的那天，下起了綿綿細雨，風也反向地吹，原本倒塌的稻禾都重新站起來了。王公大臣們也趕緊命人將倒塌的樹木扶起，重新固定好。據說那年收成很好，國家平安呢！

周公旦對神明大不敬的故事，是來自《尚書》的篇章〈金縢〉。這篇文章用詞淺易，劇情性強，有些學者認為可能是戰國時代述古之作，而二〇〇八年公布的清華大學所藏戰國竹簡中也有一篇〈周武王有疾周公所自以代王之志〉，內容相當近似，是當前學界研究〈金縢〉篇的重要材料。

在這段故事裡有一個很重要的轉折，就是成王看到了金縢之櫃裡的書冊之後，對周公的疑慮渙然冰釋，決定將他迎回，並以國家禮節待之。在文獻裡，成王的用語為「惟朕小子其新逆，我國家禮亦宜之」，簡文則說「王乃出逆公，至郊」。這邊有個一般讀者可能會覺得疑惑，但熟悉古書的人卻很習慣的用詞，就是用「逆」字表示「迎接」。大家看到「逆」字，通常聯想到叛逆、逆反，怎麼會有迎接的意思呢？這裡我們就來跟大家聊聊「逆」字的演變與意義。

在甲骨文裡有兩個字看起來很有關係，就是「（屰）」和「（逆）」。

有些說法認為「逆」是從「屰」衍生出來的，「屰」是個倒人形，羅振玉認為像人從對面走過來，也就是迎面而來的人。後來增加「彳」、「行」或「止」，表示主人走向對面走過來的人，本義是迎接。但也有些學者選擇將這兩個字分開來看，主張「屰」的倒人形就表示逆反、不順，而「逆」的本義就是迎接，今天把「逆」講成叛逆、逆反，是因為「屰」和「逆」聲音相同，互相假借的結果。

仔細看甲骨、金文的用法，會發現其實「逆」一直同時有不順與迎接兩種意思。甲骨卜辭有「逆祀」這種情形，就是不按照順序祭祀，像是「翌日父甲旦其逆」，便是指從父甲開始逆序進行祭祀；但講到「逆伐」，則是有「迎擊」的意思。這種兩用的情形在青銅器銘文裡也常見，像是〈駒父簋蓋〉就有「逆見我」，表示迎接、接見的意思。戰國時期的〈中山王器〉則有「隹逆生禍，隹順生福」，這裡的「逆」就是不順、逆反的意思。

事實上，「逆」所具備的逆反與迎接，可以是一體的兩面。文字學者裘錫圭就說過，《說文解字》「屰」有不順跟迎接兩種意義。迎人者與被迎者，彼此的方向是相逆的。「逆」是「屰」的分化字，表示迎接的意思，但是後來「屰」字廢棄不用，於是表示不順也用「逆」字表示。

看到這裡應該稍稍明白「逆」為什麼在古書裡面有完全相反的迎接義了吧。以後讀者閱讀古籍時，看到「逆」字千萬要先想一下，「逆某人」不一定是反叛對方，有時候反而是迎接對方喔！

6 叔侄大鬥法——上古惡龍封印大陣竟一夕破功

上一篇提到惡質信徒周公旦用祭品威脅神明，也談到他的弟弟管叔、蔡叔到處放假消息說周公旦要篡他侄子周成王的位。這兩個弟弟好歹也是聖人周文王之子、聖人周公旦之弟，父兄都聖人，聖人教育的子弟作惡，這……是怎麼回事呢？

話說當初殷商被武王奇襲而亡，百足之蟲，死而不僵，何況只是被斬首，殘餘的殷人力量仍在。龍頭雖被斬去，但其身軀仍然強勁有力。因此西周政府制定了封印大陣，意欲鎖住殷商這隻丟了腦袋的惡龍。

這個策略分成兩手，一手為了安撫殷商舊族，讓紂王之子武庚繼續統治一塊地作為封國。另一手為了封印殷商的殘餘力量，設置了三個監視者盯住新的龍頭武庚。那些失去舊主的商人看到王子仍然養尊處優，就不會有太多怨言了吧？三個監視者挑選的是武王與周公旦之弟：管叔、蔡叔、霍叔。用三個西周王子鎖住殷商王子武庚一舉一動，可謂萬無一失、剛柔並濟、棒子蘿蔔兼具的最佳策略。

可惜世事難預料，創業沒幾年，武王就中道崩殂。因為國家新創，武王之子成王年輕缺乏經驗，他的叔叔周公旦便行攝政之事。聽起來很合理對吧？可這消息傳到東方三位監視者耳裡，他們可坐不住了。為什麼？以前武王在位時，武王是三位監視者的長兄，又是戰勝殷商的英雄，有著自然而然的統治權威。但是呢……成王就不是這樣了，又年輕，又是三位監視者的晚輩。既然侄子年輕不懂事，憑什麼就周公旦可以攝政？而不是三監呢？

再說前朝殷商，兄終弟及的事可多了，陽甲、盤庚、小辛、小乙四兄弟就是先後繼承王位。這讓人不得不懷疑周公旦是否也想行前朝之事，來個兄終弟及，廢黜成王。

因此，成王在東方的三位叔叔就煽動殷商王子武庚起兵叛亂。原先設計好的封印大陣因為監視者背叛而破功，他們更招來盤據山東的夷人作為外援，意圖反周復殷，一時聲勢浩大。武王屍骨未寒，他在東方打下的江山竟一夕翻盤，陷入大亂。如果就此退縮，只求保住西周舊土，放棄東方的大好江山，周公旦跟成王豈有臉面對武王在天之靈？

於是周公旦發布全國動員令，他向眾人宣告：

我們西土人（周人）之中出了叛徒！還勾結了膽敢恢復舊秩序的殷人起兵。朝廷裡有些人說這次東征極其艱難，而且參與叛亂的還有我們的宗親大臣，應該要先退保西土，不能強碰。然而，我周公旦知道這些叛徒所作所為都是徒勞的，因為我周公旦已經用文王遺留的占卜寶龜窺知天意。根據我開外掛……欸不是，是神明跟我說東征是天意，必定能成功！而且文王用盡一生心力才給武王打下了滅商的基礎，我們不能輕易放棄。西土這裡還有很多能人志士，他們都能輔佐國家，並協力戰勝敵人。

於是周公旦就在風雨飄搖、內外交疑中帶著大軍出征了。這場再征服戰爭歷經三年，以全面勝利告終。一位隨軍出征有功的小臣，名叫「單」，受到了周公的封賞，還做了一個酒杯以茲紀念呢。

雖然三位監視者跟武庚被擊敗，但他們煽動起來的東夷各君主仍然活躍著，其中又以奄國為大宗，這可是西周政府的隱患。不徹底鎮壓這些夷人，恐怕新占領的東部邊境永無寧日。因此在成王時代，王朝的東部邊界可能一直都在戰爭狀況，周人在此反覆地與夷人爭奪領土。這場漫長的征東夷大戰爭，連周成王也曾親自出動。關於戰爭的零星記載出現在很多青銅器銘文上，其中有件銅器記載，王命令一位叫伯懋父的貴族東征，竟然一路追殺到了渤海海邊。為了更好地控制新占領的區域，以免大軍撤走後夷人死灰復燃，於是周人在被滅的「奄」國之上建立了魯國。這次派的是周公旦的兒子伯禽去當封君，這個人肯定不會像三監一樣胡鬧，畢竟爸爸周公還在中央執政。

除了填補奄國的權力真空，武庚留下的空缺，周公旦讓他的幼弟「封」遷去該地當新國君。不過他們一定都沒想到，這個新國家竟然活得最久，一路撐到了秦滅六國之後才被併吞。這個國家這麼厲害，一定很強大吧？這國家就是「衛國」，國力一直都不強，在春秋時一度滅國又復國，即便這樣苟延殘喘，也比六國更長壽。

這場三監之亂之後，殷商舊族被分割拆散，遷居各地，而盤據山東的東夷也被大規模拔除。文王、武王以來夢寐所求的天命大業，最終在周公旦的三年東征之後底定。

而在這些打打殺殺之外，還有一些事情更為重要，那就是周公旦在這段期間發表的一系列演說。諸如討伐三監之亂的〈大誥〉，以及遷封衛侯「封」之前周公旦對老弟一番訓誡的〈康誥〉等，這些文誥彰顯出周公旦如何形塑周人重德敬天、禮樂節文的價值觀，也就是小邦周價值啦。

文王、武王所做的事是政治層面、軍事層面上的改朝換代，真正在精神層面上引領周人，創造小邦周價值，繼而開啟三千年中國文化價值觀的人，其實是那位在《尚書》裡不停碎碎唸的上古聖人——周公旦。

雖然三監監守自盜壞了周朝的封印大計，監視者制度仍然被沿用。青銅器中就有「應監」，也就是「應國」的監視者。西周雖然是分封諸侯，但對諸侯也不是完全放任自主的。

但文字上的演變就不是這樣了。很多人可能存在這樣的迷思：簡化字充斥各種亂七八糟的魔改，而我大正體字完美無瑕。其實上古時期文字演變就很自由奔放，嚴謹的正體字中就殘留著不少自由奔放過後的歷史遺留問題。

比如說「監」這個字，左上是「臣」，下面是「皿」，右上那是個「不知道什麼東西」。這個「不知道什麼東西」同樣也出現在「臨」字上。其實這兩個字，在創造的當初原理是差不多的，都是像一個人俯視某物的樣子。監本來寫成「」，臨寫成「」，兩者都是一個大眼仔低頭看著某物的樣子。古人說：「人無於水監，當於民監。」意思是統治者不要只用水照見自己的樣子，應該要

從民心看看自己在百姓眼裡是什麼德行。那種跳票失信、發言粗鄙、狂妄無知的政客，被人民寫歌嘲諷傳唱，遲早會被下架。

「監」是看著器皿中的水。商周時期，銅鏡罕見，所以多用水盆裝水來當作鏡子。從「鏡子」引申為「照鏡子」，再從「照鏡子」引申為「借鑑」。今天「鑑」、「鑒」這兩個字，都是從「監」字加上「金」變化而來，只是放的位置不同。

也許讀者會想問，為什麼「監」跟「臨」會演化成現在這樣？大約在西周中期，「監」字的大眼人已經發生了「目」跟「人」脫離的狀況，寫成「」。緊接著「臨」字也手刀跟上，「目」跟「人」分解變形為「」。此演變幾乎是不可逆的，「目」豎著寫變成「臣」，「人」的雙腿被劈得越來越開。至於為什麼「監」的右上比「臨」要多一橫呢？那是器皿中的水，跟右上的劈腿「人」是無關的。一個秦國竹簡上的「監」字可以很好地說明這筆從何而來：「」。就像地殼板塊移動一樣，俯視的大眼人「見」一路往左上移動，最終占據字形的上半位置，接著裂解為「臣」跟「人」。而「皿」字往右下伸展，上面裝的一點水跟「人」併在了一起。

到了這個地步，我們已經很難看出最終決定版的「監」跟「臨」是會意字了，

而成為被規定死背才能記住的字。從古文字一步步向隸書、楷書邁進的過程中，有些字原有的結構被逐步破壞或變形。像豎著的「目」變成「臣」，導致現代人很難從「臣」加「皿」去會意出觀察的意思。

文字是一種人造物，是人類在書寫簡便與辨識效率上反覆拉鋸，經過一代代人挑選，最終取得妥協的成果。所以說，古文字走向今文字而成為我們現在所謂正體字的路上，有不少歷史遺留問題。我們在前面〈阿公指定真金孫，昌昌帶你衝衝衝〉裡，已經說明過「縣」跟「穆」被截斷後魔改的狀況，這裡的「監」跟「臨」也是類似的情形，其會意的本質可說已蕩然無存。

至於為什麼會變成「臣＋人＋皿」的「監」字，而不是改成「皿＋見」呢？在西周時為了表現「」「由上而下」的觀察角度，把「目」豎直寫到「皿」上。這種極度會意的表現，重點在「眼」、「俯視」、「器皿」，人的身體連接與否並不是這個會意主軸上強調的點。而文字又有一定的傳承性，此後的改造就從西周「」字的基礎上改動，那個大眼球是回不去了，才會一路沿用到現在。

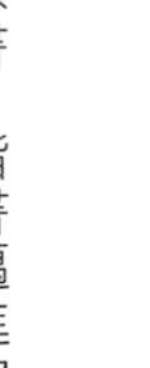

7 來自西方的「新」中國？

「中國」是什麼？是秋海棠？是老母雞？還是漢地十八省？「中國」，這個地表含義最複雜的詞彙，不僅難以理究，更是令人不敢深追，一個不小心，天外飛來一頂高帽，摘都摘不掉。

秋海棠、老母雞或是漢地十八省，這三個典型中國疆域便足以使人爭論不已，更遑論那些新同學或退學生。譬如新疆，其名即已道盡一切。隨著歷朝歷代一次次新闢疆土，甌越、夜郎、大理相繼覆滅，中國的範圍也逐漸擴大。而有些地方，在一些略帶自我安慰的婉言辭令中，遭到中原帝國勒令退學，如樂浪、玄菟、九真、象郡等今日朝鮮、越南領土。至於晚清的外滿與蒙古，那更是「麻繩提豆腐」——沒法提了。

那麼，中國到底是什麼呢？

話說從頭，追根究柢，「中國」最早出現在哪呢？一九六三年陝西寶雞出土一件西周初年的酒器〈何尊〉，其銘文就出現了「中國」二字。

唯王初遷宅于成周，復稟珷（武）王豊（禮），祼（音同灌）自天，在四月丙戌，王誥宗小子于京室，曰：「昔在爾考公氏，克逑（仇）玟（文）王。肆玟（文）王受茲大命，惟珷（武）王既克大邑商，則廷告于天，曰：「『余其宅茲中或（國），自之乂（治）民！』嗚呼！爾有唯小子亡識，視于公氏，有庸（功）于天，徹命敬享哉！」惠（助）王恭德裕天，臨我不敏。王咸誥，何賜貝卅朋，用作口公寶尊彝。惟王五祀。

以上這段銘文是說當時周成王剛遷都到成周來，為武王舉行了祭典。祭完之後對宗親會成員，也就是器主「何」發表演說：「你的老爹過去給文王出了不少力，讓文王接受了天命。武王伐商成功，就曾經向上天說過要住在中國，從中國治理萬民。哎呀！你要好好向父輩學習，勤勞努力，敬業工作。我不是聰敏之人，所以要拜託你監護、幫助你的王（也就是我本人）敬德以順應天命！」王宣告完畢，賞賜給器主何很多錢，用來鑄造青銅器。

看吧！有「中國」，果然是泱泱華夏五千年，於史有徵，童叟無欺！看來西周時代就有「中國」了……且慢！先別看到關鍵字就自滿。解釋文句，不能只看單詞，更應該注意上下文脈絡。比方說，同樣是「多少」，「夏天衣服能穿多少是多少」，「冬天衣服能穿多少是多少」，兩個「多少」，意思完全不同。

前面我們說到，周成王即位時根基不穩，周公輔佐他，歷經九九八十一難，終於安定了國家。為了能就近控制殷商故土，西周政府高層在東邊的洛陽建造了陪都「成周」。

出於武王遺命與現實政治因素考量，西周政府很快就動員起來，開始東方新都心計畫。在《尚書．召誥》中記載，這次東區新都心開發案，動員了當時政府的兩大高層——召公與周公。兩位輔政大臣先後來到洛水地區，前前後後針對地形地貌加以評估。古代沒有什麼環評委員，只在乎風水好壞，於是召公與周公自兼風水評估委員，在各個預定地上占卜吉凶。

既然出動了兩大高層，傾國之力而來，這項巨型工程自然不會犯公家機關拖沓毛病。同樣是《尚書．召誥》，上面詳細記載召公三月初五來到洛水地區，透過來自商朝的黑科技龜甲占卜術探測到風水寶地，兩天後的初七就圈好了地皮。

召公像風一樣快的施政效率，讓周公趕在三月十二就來到新市鎮預定地，三月十四兩人一齊拜天公，十五拜土地公。趕在三月底舉行動土剪綵，還叫來了記者，將新市鎮計畫寫成報導通告住在東區的商朝遺民。西周高層一個月內就完成選地、風水評估等工作，如此高效的施政效率，可謂西周「衝衝衝」。

這個東方新都心計畫，建成後在當時叫作「新邑」，即「新的都邑」，淺顯易懂。既是都邑，自然有王宮、宗廟和官署，一些頒獎典禮也會選在這裡舉行。一名叫作「臣卿」的貴族就在新邑接受從山東歸來的周公賞賜。這個東區新邑作為西周副都心，周天子常常來這裡頒獎、授勳、發表演說也是非常合理的事，西周銅器中在成周被封賞者比比皆是。

除了是政治中心外，根據〈頌鼎〉銘文，西周政府在此地設置了「成周賈」與「新造賈」，主管採買與製造好東西以供王室宮廷使用。當地也有巨大的青銅生活工坊，東西長七百公尺、南北寬三百公尺，生產著各式生活器具如鼎、簋（音同鬼）、甗、尊、卣（音同有）。這裡還有兵工廠、精密的馬車工業，生產青銅兵器與各式青銅車馬零件。

這個東方新都心計畫，從〈何尊〉銘文來看，源於周武王的構想。但是周武王說「宅茲中國」（要住在中國）是未來式，也就是說，武王當時不住在中國，才會說未來要住在中國，從那裡治理萬民。所以這個「中國」的「國」，指的是某一個地區。〈何尊〉銘文中的「中國」，寫的是「中或」，可還沒有加上「口」變成「國」。

相較於中國，西周金文還有不少別的「國」，像是故宮博物院鎮館之寶〈宗周鐘〉，銘文上就有「南國」。西周時期還可能有標示各「國」的地圖，如〈宜侯夨（音同仄）簋〉：「王省武王、成王伐商圖，延省東國圖。」

因為西周政府對外擴張方向大致是從西方向東、南進軍，所以西周金文中很常出現「南國」、「東國」，都是南方、東方的疆土。既然東國、南國都是疆域，那麼〈何尊〉銘文中的「中國」偏偏就是一個「國家」，不亦怪乎？

回到〈何尊〉的「中或」，我們可以嘗試將它連繫上後世的另一個字——「域」。如此一來，「中或」是中央區域，南國是南方區域，東國則是東方區域，相當通順明瞭。

既然周人稱洛陽地區為中國（中土），那麼他們自覺是西方人嗎？沒錯，周人認為自己就是西方人，家鄉是西方世界。在《尚書．牧誓》篇就記載周武王在牧野之戰誓師辭，將跟著武王東征的部下與盟邦稱為「西土之人」。〈康誥〉篇中，周公回憶父親周文王施政績效優良，和幾個盟邦一起治理「我西土」。〈酒誥〉篇更是點明周文王在「西土」建國。西土，就是周人老家陝西關中地區。

等等……如果「國」不是國，而是地域，那麼古人是怎麼稱呼國家呢？而且《論語》中就有「道千乘之國」，怎麼就「國」不成國了呢？

答案同樣也在《論語》中出現：「危邦不入，亂邦不居。」「邦」才是在出土文獻中最常表示國家概念的詞彙。前面提到的〈宗周鐘〉，記載周厲王擊敗了南國的敵人後，南夷、東夷來朝見的有「廿又六邦」。而其銘文末尾，厲王胡祈求自己能萬年無疆，長保「四或」（域）。前面的「邦」就是國家，後面的四域，指的就是東、西、南、北四方疆土。另一件青銅器〈大盂鼎〉說：「武王嗣文王作邦。」意思就是說武王繼承了文王的建國大業。而與國名連稱，更是標誌著「邦」代表國家的意思，青銅器銘文中很常見到「周邦」、「晉邦」、「鄭邦」、「齊邦」。像是故宮所藏〈國差𦉜〉就有「齊邦謐靜安寧」，另一件故宮藏品〈陳侯午簋〉也說「保佑齊邦」。

為什麼現在我們在古書上看到的「國」能與「邦」競爭「國家」的意義呢？這就要問問漢朝的開國皇帝——劉邦。據學者研究，漢朝為了避劉邦的諱，選擇與之相近的「國」來替代「邦」。現在我們看到的先秦古籍，很多都經過漢朝人的編輯處理，所以像在出土文獻這種沒被漢朝人處理過的時光膠囊裡，就沒見到「國」表示國家的意思。

《史記．貨殖列傳》說：「昔唐人都河東，殷人都河內，周人都河南。夫三河在天下之中，若鼎足，王者所更居也，建國各數百千歲。」唐人就是夏朝，殷人就是商朝，他們與周朝先後在黃河包住山西的這個「凵」字形區域的三邊建都，國祚綿長。

這個「凵」字形區域，就是最原始的「中國」（域）。周公、召公決定在這裡建立新都心，確實是很好的選擇。新都心雖然開場烜赫一時，名流蜂集，但終究有著致命的缺點。人，是不會分身術的，即使是天子，也只能在一個地方出現。何況在西土，有很多世家大族、姻親故舊都在那裡置產，更是讓周天子難以在新都心成周久居，只能派出欽差特使去督導成周政治、軍事相關事務。到了西周中期以後，新邑不再「新」了，在青銅器銘文中，我們可以看到許多宮廷儀式仍舊回到陝西周原一帶舉辦，東都成周就更顯得寂寞了。

不過該來的終究會來，隨著西周覆滅，周天子倉皇出奔，這才又開啟了成周作為都城的五百年歷史。

漢字文化專欄

「中國」的「中」，在古文字中是取象於旗子的形狀，將旗子插在地上，風便會將旗子吹向某一方向。風往四方吹，旗子在中央，引申也有中央的意思。「國」最初並沒有外面的「口」，只有「或」。「或」是什麼意思呢？《說文解字》說：「或，邦也。从口从戈，以守一。」用右邊的「戈」保衛左邊城牆包圍起來的地方——「口」，以武裝保衛國土，就是國家的意義，聽起來合情合理。然而事實並非如此，根據學者研究，甚至連「或」的左邊是不是「戈」都有問題。

在新出的青銅器中，「或」字寫成「」，圈圈黏在戈上，成了半圓，所謂城牆包圍的地方為「口」，就說不通了。「」的源頭應該是古文字中的「」。既然中間的圓圈圈本來就是黏在兵器上，象徵一種特殊的兵器，那麼整體最初就是一個象形字，而非會用戈守衛圈圈（城市）的會意字。

半圓脫落後成了圈圈，這現象並不奇怪，我們現在常見的「宏」、「肱」諸字，其中的「厷」就是取一隻手臂上打圈的樣子：「」。打圈是為了表示這個字指的是手臂（肱），然而這個指事用的半圓符號後來脫落了，成了一個圈，最後變成了三角形的「厶」。

「國」字的歷史說了這麼多，有什麼意義呢？很簡單，因為半圓之所以脫離本體為圈圈，是為了要有表音作用。我們今天看到的「圓」，是疊床架屋後的結果。最初，只有一個小圈圈，表示「圓形」。後來在圈下加了「鼎」，表示這圈圈是像銅鼎圓口的意思，鼎寫成了貝，最終成了「員」。最後因為「員」負擔了太多別的意思，又在外面加了「口」而成「圓」。

也就是說，「或」中間的小圈，表示它是發「圓」的音，而「圓」與「域」古音相近，因此所謂的「或」（國），在商周時代不是指國家，而是「地域」。

（本文原刊於《旅讀中國》二〇二一年三月號）

8 江南開發新弊案？

「開發案」不是現代人的專利。相傳在兩千多年前的周成王時期，因大肆封建諸侯，開發案年年有，有些開發案成了千古名城，如曲阜；有些則不了了之，淪為荒野。而這裡要介紹的開發案，史書中隻字未提，由兩千年後的一位平凡農夫所揭破。

故事發生在一九五四年的六月，江蘇丹徒區一處離長江不遠的小山上。一位耕種的農民，為了種芋而奮力地揮鋤挖溝。不挖不知道，一挖嚇一跳。「匡噹」一聲，一件金屬容器竟從地裡掘出。這件上古重器——〈宜侯夨簋〉於是重見天日，並讓西周時期江南超大型開發案重現在世人眼前。

為什麼一件一百多字的青銅簋會出現在江南岸邊呢？學者對此產生了許多的疑問與討

〈宜侯夨簋〉

論，甚至衍生出西周政府到底有沒有在江南大搞開發案的爭論。

這件青銅器銘文記載周王命虞侯夨遷封到「宜」這個地方。賜給他象徵攻伐之權的弓矢、三十五座城邑，宗族、庶人、奴僕數百人。這種諸侯級的冊封，為什麼在史書上毫無紀錄呢？

環繞著這件上古神器與其銘文所記載的宜國開發案，學者展開了討論與推測。宜國究竟是什麼國家？是什麼時候封出去的？宜國所在地就是江蘇丹徒嗎？還是亡國後被帶到江南？如果開發案就設在江南的丹徒，為什麼要到遠離文明的南蠻之地建立新市鎮？

丹徒在今天南京市的東邊，距離西周首都有一千公里之遙。也許讀者會說：「燕國也很遠啊，有何可怪？」但我們要考慮的是中間卡著什麼樣的鄰居。從西安到北京，沿著黃河可以一路北上，途中雖有殷商故都，但這裡經過殷周易代，能拆遷的、該拆遷的釘子戶也拔得差不多了，周政府在這條路線上還搞了邢國開發案，有諸侯把守，路線相對安全。

至於丹徒就很驚人了，中間隔著淮水流域，一大群河岸釘子戶「淮夷」、「東夷」和「南夷」盤據在此，而且一直到西周晚期，淮水流域都還是周政府的心頭之患。若想要跨過淮夷去江南搞大型開發案，幾乎是難以想像的事。

就算當時真的有江南宜國開發案好了，為什麼史書沒有記載它的後續或結局？以地處北京的燕國開發案來對比，雖然西周中晚期的燕國歷史幾乎一片空白，起碼司馬遷在《史記》裡還有一句「自召公已下九世至惠侯。燕惠侯當周厲王奔彘，共和之時」。相較於這一句話，宜國連封出去的史書紀錄都沒有，這些都為宜國增添了重重迷霧。

等等，宜國開發案的後續我們查不到，可以調查主導這次開發案的「虞侯夨」啊！《史記‧吳太伯世家》記載：周文王阿昌的大伯、二伯為了保幼弟季歷上位，斷髮紋身遠赴東南。大伯死後傳二伯，一路傳到二伯曾孫周章。周武王克商後，派人千里迢迢去吳國找周章這個遠房親戚。認祖歸宗後，就地冊封為諸侯，順便將其弟虞仲拐走，開新分店虞國。

虞國？周章？有些學者認為虞侯夨的「夨」和古書所載的「周章」有可能是一音拆成二字。〈宜侯夨簋〉說虞侯遷封宜國，改稱宜侯夨；史書上卻說吳侯之弟改為到虞。是不是《史記》與它所採集的史料把事情寫反了呢？由於太伯奔吳與虞侯遷宜的狀況很像，都是從西安到江南搞開發案，會不會就是同個國家呢？這些疑問都使人浮想聯翩，讓討論的路線越來越腦洞大開。

後來有位學者出來說：醒醒啊！誰說天字一號房一定在天字二號房隔壁？誰說銅器出土在江南小墓它就一定是這個墓主所鑄造的呢？說不定是墓主偷來、搶來的啊？而且〈宜侯夨簋〉同出的幾件青銅器都是南方蠻夷風格，只有〈宜侯夨簋〉是典型的西周風格，讓人眉頭一皺，越想越不對勁。

至此，這件江南開發案就在上古史學界裡掀起了濤天巨浪，說法越來越多。有人說不是「虞」字而是「虎」字，別看著「虍」頭就說是虞，虎國可能是甲骨文裡的虎方國，可能被滅了之後改派新的特區首長，跟吳國沒有半點關係。有人說這不是宜而是「俎」字，反正就是不見經傳的國家。這接二連三的謎團，答案究竟是什麼呢？

不知道。最保險的看法就是宜國開發案很可能不是在江南搞的，另在他處，只是後來國家亡了，開國的宗廟祭器被掠奪到南方去，草草地埋在了江南岸，無限淒涼。這種亡國奪寶的推測有沒有什麼案例可以佐證呢？

《左傳》中記載齊國孝子齊頃公為了讓媽媽開心，設局讓媽媽偷窺來訪的跛腳晉國大夫。看到使臣一跛一跛的樣子，媽媽開心地笑了。然而有人笑，就有人怒，晉國大夫回國後舉兵攻齊作為報復。齊頃公一開始還很囂張地說：「讓老子先消滅敵人再吃早餐。」一如此氣魄，堪稱春秋版的溫酒斬華雄。可惜齊頃公最後慘敗於晉國之手，狼狽逃回首都臨淄城，叫大臣國佐拿著紀國的銅甗去和談。這個紀國的銅甗就是齊頃公的祖先齊襄公滅了紀國，把紀國銅甗據為己有的，所以春秋時確實跟當代修仙玄幻小說一樣有滅國奪寶的案例。

話說回這樁可能根本不存在的江南開發案。〈宜侯夨簋〉雖然沒有告訴我們他究竟在哪裡開發新市鎮，但銅器銘文告訴我們，虞侯夨帶著大批貴族與人民，遠赴封地，變身成宜侯夨。銘文還說跟著虞侯夨開發宜國的有宜地原有的王室臣民、奠地的七個宗族與庶民六百多人。

這和《左傳》記載魯國、衛國開發案如出一轍。周天子讓魯公帶著殷民六族：條氏、徐氏、蕭氏、索氏、長勺氏、尾勺氏這六大建設工班前往山東曲阜大搞開發，鎮壓山東的殷人反抗勢力。而後衛國開發案，是讓周公的弟弟康叔去殷商舊都區域開發衛國，同樣帶著殷民七大建設工班：陶氏、施氏、繁氏、錡氏、樊氏、饑氏、終葵氏。

與魯國、衛國不同的是，這個宜國最後不知所蹤，是捲款潛逃？還是被做成海邊消波塊？沒有人知道。周政府耗費大量人力物力投資宜國開發案，派出高階主管「虞侯夨」經營，竟血本無歸，草草收場，史書一字未提，有如掉進茅坑裡，一聲不響地就沒有了，這其中一定還有著更多不為人知的祕辛。

《詩經．周南．桃夭》：「桃之夭夭，灼灼其華，之子于歸，宜其室家。」

這詩相信大家都耳熟能詳，但很久很久以前，存在一種腦洞大開又極其吸引人的說法。這種說法大概是源於李敖〈且且且且且〉這篇文章拓展而來。原本李敖認為「且」字象男性生殖器的形狀，進一步把「宜其室家」的「宜」字看成了男女交合之形，於是《詩經．周南．桃夭》就變成形容婚後房事和諧的詩篇，令人無比傻眼。

其實「且」不是什麼男性生殖器的形狀，已經有學者考證「且」其實是「俎」從正上方觀看之形。所謂人為刀「俎」，我為魚肉，「俎」本來指的是古人用的砧板，會隨著肉一起端上餐桌，類似於今天的陶板餐點。

宜字在西周金文寫成「」之形，意思往往跟宴會吃飯有關，像西周早期的〈天亡簋〉有「王饗大宜」，就是王招待群臣吃飯。「」的尖頂被分開寫

成了「宀」，底下兩個「肉」被省略成兩點，後來更懶了，直接把兩塊肉省略，寫成了「且」，這是今日「宜」字的源流。

那麼，前面有人把「宜侯夨」看成「俎侯夨」的說法對不對呢？很可惜，這個說法並不正確。因為在青銅器銘文中，俎寫成「」，左邊像「俎」的兩片腳板，右邊像「且」的部分和「宜」一樣是砧板的俯視圖。「」和「」在古人的用字習慣中是分得很開的，不能當成同一個字。「」後來左邊兩隻腳和右邊的「且」斷開了，變成了兩個「人」，也就成了今日的「俎」字。

所以說，解讀漢字固然要考慮到字形長什麼樣，像什麼樣，同時也得考慮古人是怎麼使用它的，如果忽略了上下文，往往會流於看圖說故事。看圖說故事有什麼不好嗎？因為有些字固然可以一望可知，但有些字不行，就像「且」字，有的人說像生殖器，有的人說像神主牌，這些都脫離了古人實際使用的狀況，無助於我們瞭解古代記載的意思。更不用說古人喜歡借用同音字表達意思，如果只靠字形長得像什麼就貿然解讀，只怕會是歧路亡羊，越看越茫。

9 地表最嚴禁酒令？誰將生存到最後？

綜觀人類歷史，有些發明轉瞬即逝，有些發明歷久彌新。「酒」，正好就屬於後者，不僅後出轉精，甚至還能影響發明者的興亡。以酒聞名的文明中，絕對少不了商王國。在商人的墓葬中，有點地位的貴族，多半會隨葬酒杯、酒壺等酒器。

商代貴族生前喝不夠，死了還要繼續。好酒者不僅挑酒，還挑酒杯，畢竟交際應酬上，輕描淡寫地用神器喝酒，這種舉重若輕的做作姿態，可是貴族的必修課。

貴族姿態有多重要？上海博物館購藏的戰國竹簡就寫道：天子往回看要整個身體轉向後，諸侯可以轉上半身，士可以只轉頭。試想下，人家叫你的名字，你就急匆匆地回頭張望，豈不是一副猴樣，不妥！不妥！

君王應如美人顧盼生姿，從容不迫，所以轉身必須整個身體回轉。再想想古裝劇中天子常戴的冕旒，眼前垂著一排排串玉，像個窗簾似的。戴上冕旒如果轉頭還一副猴樣，包準被珠子甩滿臉，所以君子必須要有溫和從容的儀態。

殷商文化好酒之名，也是自古以來口耳紙筆皆有相傳。《尚書・酒誥》正是一篇重申周文王反酗酒主義的文章。開篇就說周文王告誡教育貴族子弟與百官們不可以酗酒，只有祭祀和奉養父母等正經場合才能喝酒。周王認為，就是因為大家工作太閒了，整天耍廢才想開趴喝酒。殷商先王，從成湯以下到紂王他爸，哪位國王不是忙得要死？他們哪裡有空喝酒？

國王忙到沒空喝酒，底下的人敢喝嗎？不只不敢，恐怕都被國王操到沒空喝酒了。

所謂「仗劍十年成英雄，入魔只在一念間」，從開國辛苦堅持數十代的殷商王國，最後毀在一個貪杯敗家子紂王身上。〈酒誥〉說紂王沉迷於酒精，喝到失去君主該有的威儀，民眾沒有不痛心疾首的，最終紂王在酒精中亡了國。

周人推翻商王國，總結商人亡國的主因就是喝酒。〈酒誥〉作為政府文書，當然不是講個歷史故事就完了，這篇政令要求周人，今後如果有倡導開喝酒趴的蠢貨，一個都別放過，抓來通通殺了。聽起來很嚴酷是吧？其實不然，〈酒誥〉還是很溫情人性的，文中對殷商的遺民舊臣有著恩寬措施。因為他們喝酒喝慣了，一時改不過來，我們要用愛的教育，好好關懷他們，讓這些殷商舊人從酗酒中走出來。

西周初年除了〈酒誥〉之外，在一個叫〈大盂鼎〉的銅器上，周天子也申令了西周的反酗酒主張。天子讓貴族「盂」入朝廷奔走辦事，希望他能夠幫助天子成就功業。另一方面，也告誡他不可以酗酒，他的手下也不可以酗酒。天子說他聽聞殷商丟了天命，正是因為整個國家從上到下，從裡到外，沒有不酗酒的，簡直可怕。

由於西周強烈的反酗酒傳統影響，連帶著整個物質文明產生了重大改變。前面我們說過商人好酒，他們裝酒的器皿也是花樣百出。如果以生物學角度來說，商王國時期可以說是

商〈龍母尊〉

商後期〈獸面紋貫耳壺〉

商晚期〈子爵〉

商後期〈鴞首獸面紋方罍〉

商〈銅卣〉

商晚期〈重癸觚〉

商後期〈宁戈父丁盉〉

商〈過父丁斝〉

商晚期〈遽父辛觶〉

酒器的侏羅紀時代，種類繁多，有爵、角、觚（音同估）、觶（音同致）、壺、卣、杯、斝（音同甲）、尊、罍（音同雷）、瓮（音同甕）、盉（音同何）、方彝以及安置酒器的台几——禁。

其中，還有類似霸王龍一樣巨大的罍——〈皿天全方罍〉。罍，說穿了便是酒罈子，但近一公尺高的青銅酒罈就很特別。只不過長得高大還不夠獨特，如〈毛公鼎〉很高大，作工卻不精細。〈皿天全方罍〉可就不一樣，方罍上的花紋又多又精密，在又大又嚇人的獸面紋空隙處，鋪滿了細線盤繞的迴圈紋，既有赫赫威嚴又讓人目眩神馳，不知頭尾為何處，被譽為方罍之王。

〈皿天全方罍〉

商後期〈亞醜方彝〉

商人在青銅酒器工藝不只是表面工夫，還有一件展現其設計巧思者——〈三節提梁卣〉。這個卣現藏中研院歷史文物陳列館，當年可是貨真價實地從安陽挖出帶來臺灣的。卣，其實就是酒壺，特色是通常裝有便於隨手帶的朝上手把。為什麼叫三節呢？因為這個卣的頸部是可以拆卸的，頸子頂端接著蓋子的那邊是封閉的，倒過來就成了一個酒杯——觚。一套兩件，出外旅行不用多帶杯子，像極了現代熱水壺把壺蓋翻過來當杯子一樣，三千年前的古人就已經有類似的設計了。

如果對獸面紋感到害怕，也有看起來生動有趣的動物尊。尊作為酒器，本來是長得像花瓶一樣直立的大酒罈子，有些會做成方形，在四邊上鑲嵌立體的青銅羊頭。

動物做裝飾怎麼夠？要就把整件青銅器做成動物的形狀，成為動物尊。現在看到的動物尊，有豬尊、虎尊、牛尊、羊尊、貓頭鷹尊，聽起來很普通；別急，還有超乎我們想像的貘尊、象尊、犀牛尊，對！就是那個馬來貘。想像一下在安陽的商王苑囿裡，很可能就養著這些外邦進貢的奇珍異獸。

關於殷商酒器，那是說都說不完的故事。到博物館裡走一趟，器物就在面前，很快就能認識它們。繁盛如斯的酒器時代，隨著西周禁酒令的實施，加上周人文化的興起，有些酒器支撐不下去而被人擇淘汰了。其中，尊、卣、方彝撐到西周中期，壺還能在西周生存下去，但有些只剩名字存於書裡，有些則連名字都被遺忘。

青銅器時代中的酒器王朝曾經輝煌過，但在周人改弦易張下衰落，然而青銅時代還沒過去，新的青銅器必將填補貴族的物質生活——食器，一支曾與酒器共存的器群興起了。

在西周時期，酒器在數量與樣式上都逐漸減少，裝菜、裝飯的簋占據重要的地位。大量受周天子封賞升官的貴族，把獎狀、委任狀鑄在簋上。到西周中晚期，更有新的器類流行——盨（音同許）和簠（音同輔）。

西周晚期〈譔季獻盨〉

西周早期〈御正衛簋〉

〈譔季獻盨〉的內部

仿春秋〈嵌異金屬蟠虺紋簠〉

盨和簠兩者本質上都是長方型的便當盒，銘文也經常明言這器要用來裝稻跟粱。盨的四角圓潤，形似今天的便當盒。簠則四端直角，器壁斜斜朝上下收斂，上面一個梯形，下面也一個梯形，整體看起來有稜有角又剛硬。

〈蓮鶴方壺〉

即使進入了西周食器時代，酒器還是頑強地生存下來，像是壺，這種像花瓶一樣優雅的長頸酒器，到了春秋都還在使用。鄭國大墓出土一件〈蓮鶴方壺〉，體型巨大，超過一公尺高。壺蓋邊緣鑄有立體鏤空的蓮花瓣，器蓋中央鑄著一隻立體造型的鶴。壺身四個稜角上鑄有四隻向上爬行的生動怪獸，器底的圈足本來已經有承重的作用了，鄭國人偏要在圈足下再加兩條小怪獸頂著圈足，貴族的生活與品味就是這麼任性。

為什麼在禁酒令下還是有酒器存活下來並一路闖進春秋時代呢？回頭看看禁酒令本身，只是反酗酒，沒有說滴酒不沾，祭祀和奉養父母等正經場合還是要用到酒的。周天子也經常賞賜臣下秬鬯（音同巨唱），這是一種香草酒，秬是黑黍，鬯是參了香料的酒。最一開始我們說的〈大盂鼎〉，周天子雖告誡不可以酗酒，可銘文後頭還是賞賜了「鬯一卣」（以卣為單位量詞，相當於一壺香料酒）。可見酒還是可以喝，只是一定要節制地喝。節制本身就是周禮文化的表現，開心要節制，悲傷要節制，飲酒也要節制，因此禮的規範，就是告訴大家開心、悲傷和喝酒什麼時候該做，做到什麼程度，少了心意不足，多了容易傷身亡國。周人禁酒令的背後，是對殷商滅亡的深切檢討，也是周人禮樂文化的底蘊。

漢字文化專欄

飲酒，讓人們又愛又恨。傳說中夏朝的夷狄發明了酒，大禹喝了覺得很棒，於是疏遠了夷狄。欸？做了好東西卻被討厭，為什麼？因為大禹認為這東西會禍害人，不敢再碰了，也連帶疏遠發明酒的人。除了實體物質，漢字裡也有酒被趕走的故事。我們現在看到的「飲」字，就是一則經典案例。

你是否想過，為什麼喝東西的「飲」不是水字邊，而是食字邊呢？雖然廣義地說，飲食並沒有大分別，而且古人喝茶也說喫茶，但這個「飲」字，與「食」本來並沒有關係的喔。

最初「飲」字本來寫成一個人張開嘴巴，伸出舌頭，品嘗酒罈中酒水的樣子。甲骨文裡寫成「」，左邊是個酒罈「酉」，右邊是一個人張嘴伸舌。人張嘴品酒跟「欠」（人張嘴出氣的樣子）都是張嘴，便混同在一起。

由於漢字在大方向上都朝著形聲的方向前進，「飲」字也不例外，在「酉」

的上面加了「今」作為標音的聲符，今跟飲現在唸起來也是很接近。

後來有些古人把「欠」給省了，只留下「今」和「酉」組成的「酓」字，反正帶著「今」聲的「酉」，很容易讓古人連繫上「飲」字，那麼右邊的人也可以不必寫了，省事。

「酓」字很特別，古書上說楚國王室是熊氏、羋姓，熊聽起來很威武，很戰鬥民族的感覺，其實楚惠王熊章自己鑄銅器，銘文上不寫自稱熊章，而是「酓章」。「飲」跟「熊」這兩個字現在音唸起來差很多，不過古音確實是相近的，用閩南語也有一點相似。最起碼楚王自己都這樣寫，他可是這個姓氏的真正持有者。

因為「酓」這個字寫久了跟「食」長得有點像，意義上飲與食也有關係，到了漢代，「食」字就篡位成功，將「酓」從「飲」字中驅逐出去。飲食相關，這番改動看起來好像還可接受，但這產生了一個嚴重的歷史遺留問題，那就是我們從隸書、楷書中竟無法判斷「飲」字的六書歸類。「飲」，沒有聲符，不是形聲；吃東西跟喝東西有差別，又不是會意。「飲」竟成了漢字中佛魔不容的異類？

幸好小篆還保留「歙」字，因此，在六書中，「飲」本來是會意字，後來才

改造成形聲字。不僅是「酒」，跟酒做鄰居的「今」都被「食」給取代了，是否與周人以食器取代酒器的過程有點神似呢？

10 旅遊意外頻傳，元首也難逃死劫

這些年國人旅遊意外頻傳，相關安全保險及措施，引發大家的高度關注。西周時期也有一樁震驚國人的「旅遊」意外，不僅造成當時的元首——周昭王命喪黃泉，更因為各界捕風捉影的記載，至今仍無法釐清事情真相。

據說，周昭王是在一次前往南方的回程途中遭逢意外而不幸過世的，這場意外通常被稱為「昭王南征而不復」。《史記》指稱：「昭王之時，王道微缺。昭王南巡狩不返，卒於江上。其卒不赴告，諱之也。」意思就是說，經過成康兩代的太平盛世，到了昭王時期國力好像沒以前好了，昭王在一次南方巡狩的過程中，死在江上，而這個死亡好像不是很光彩，於是就沒有昭告天下了。

司馬遷這段話講得很隱諱，大概只透露幾個線索：第一，昭王之死和江水有關。第二，這個死亡事件似乎不那麼正常，是需要隱瞞避諱的。

究竟，是怎樣的死亡，讓隔了好幾百年的漢代史家也覺得不好說呢？

《古本竹書紀年》有著不同記載，它說「周昭王十六年，伐楚荊，涉漢，遇大兕」，又提到「周昭王十九年，天大曀，雉兔皆震，喪六師於漢」、「周昭王末年，夜有五色光貫紫微。其年，王南巡不返」。

在這個版本中，周昭王曾在十六年時，為了討伐楚國而南行，在渡過漢水時遭遇了一種類似聖水牛的動物——大兕。意外的發生則是在昭王十九年，據說那天天色昏暗有風，奇異的天象連動物都感到害怕，果不其然，天子就在這天渡漢水時損失了王朝禁衛軍——六師。事實上，當然不只王朝禁衛軍，包括王朝天子的性命，也在那個有著奇異五色光束的夜裡，被漢水吞噬了。

當然，絕大部分的讀者不會只滿足於搭配奇幻異象的故事，更教人無法自拔的，向來就是陰謀論，因此《帝王世紀》和《呂氏春秋》都採用了這樣的版本。

據說昭王施政不好，民調很低。由於南征時準備要渡過漢水，便吩咐屬下造船，沒想到，造船的人因為討厭元首，於是便以膠船進獻。南征途中，昭王駕船至漢水中流，此時膠液溶化，船隻裂解，於是王及祭公一起沒入水中，失去了生命。最後，還是靠一位長臂且多力的護衛——辛游靡，才將昭王遺體給撈上岸的。

看到這邊，是否感到有些驚悚？昭王從單純的死於江上，到天候不佳而遭遇船難，最後演變成被內鬼暗中陷害而死，從意外變他殺，這不但讓人見證了故事驚人的轉化能力，也令人更加好奇昭王南征的真相到底為何？

事實上，從文獻紀錄實在很難看出昭王南征的動機及目的，甚至是真正的過程。不過，似乎很早以前周人就認定昭王之死和楚國有密切關係，所以《左傳》提到齊桓公攻打楚國的理由之一就是「昭王南征而不復」，氣得讓楚成王反擊說：「昭王之不復，應該去問漢水呀！」正是這樣釐清不了的糾葛，讓歷史學者們希望利用有銘文的青銅器重建這樁「事故」的真相。

但必須先說明的是，銘文是古人用來記錄豐功偉業的工具，像是周天子發生意外死在漢水的醜事，絕不可能被鑄勒在青銅器上的。因此，銘文能夠告訴我們的，大概只有瞭解昭王南征的動機而已。

根據一些銘文的記載，我們發現昭王時期的軍事活動，就是不斷派人前往南方討伐楚荊。一位名為「中」的西周官員參與了這個過程，他在昭王派遣南宮討伐楚荊那年，奉昭王之命到南方視察道路，協助設立行宮，並命人回稟昭王，最後將這件事情鑄勒在〈中方鼎〉上。不僅如此，「中」的南巡工作還包括連絡附近區域勢力，從〈中甗〉（甗音演）銘文可以知道，當時還在曾、繁、鄂等地部署行宮，後來更以曾、鄂兩國為據點討伐楚荊。

然而，昭王為何要如此不計成本地大肆討伐楚荊呢？有人認為是因為昭王想得到礦產資源。由於製造青銅器需要優質銅料，而這些銅料多半產於南方，若是可以控制產地，就能降低很多成本，因此讓昭王無論如何也想南征。這個看法是來自銘文提到的繁地，這裡是西周時期運送銅料的重要中繼點，加上近來考古學家在湖北、江西、安徽等南方地區陸續發現大型產銅遺址，因此優質銅料是從南方生產經過繁地往北運送，是相當合理的思考。

但也有人認為不只如此，主張昭王是為了取得土地，所以大舉南征。眾所周知，西周有個著名的制度叫作封建，周天子要把土地分封給親戚或是有功臣子，有些歷史學家認為，這些土地分到昭王時期可能越來越少了，可是親戚生小孩一生一大串呀，那怎麼辦才好呢？只好想辦法取得土地了，因此逼出了昭王南征的動機。

事實上，這兩種原因也可能並存。不管怎樣，昭王時期確實有兩次南征紀錄，而且第一次是成功的，所以我們還能在某些銘文看到「俘金」（得到銅礦）的文字。但是當昭王發動第二次征伐時，顯然慘遭滑鐵盧，最後連自己的性命也賠上，成為西周歷史上著名的一場意外。

古有昭王南征，今有南向政策。南方，總有一塊神祕又吸引人注意的沃土，但你是否想過，「南」字究竟為何長這樣？

稍微學習過文字學的讀者，可能會知道一件事，那就是東、西、南、北四個方位詞，都是「假借」的用字方法。什麼意思呢？就是東、西、南、北的字形本來表示其他意思，後來因為聲音關係，就被「借」為方位詞，從此一借不復返。而大家也許會好奇，這些字本來又是什麼意思呢？

南，甲骨文寫作「」，《説文解字》説：「南，艸木至南方，有枝任也。」許慎似乎認為「南」字跟植物草木有關，不過因為這個説法與典籍裡的用法差太多，所以採用的人不多。在古書中，「南」似乎和音樂關係密切。《詩經．小雅．鼓鐘》就提到「鼓鐘欽欽，鼓瑟鼓琴，笙磬同音。以雅以南，以籥不僭」，而這裡的「以雅以南」，歷代注解家眾説紛紜，莫衷一是，比較著名的説法是解釋為樂舞名，表示南夷之樂。然而，隨著考古材料逐漸豐富，學者開始有不同看法，目前比較主流的看法，是認為「南」字像鐘鎛一類的樂器。

這個推理的主要根據，是在詩句裡與之對舉的「雅」。漢代學者鄭司農就說「雅」的形狀像漆桶的敲擊樂器。而《周禮．春官宗伯．笙師》也提到「笙師掌教龡竽、笙、塤、籥、簫、篪、篴、管，舂牘、應、雅，以教祴樂」。可以很明顯看到「雅」與竽、笙、塤、籥、簫等傳統樂器並列。既然「雅」是樂器，而「南」又與「雅」共舉，自然很有可能也是樂器的一種。除此之外，也有學者認為「南」的字形很像鐘鎛或是瓦製容器，下方有口，中空，因為是樂器，所以可以進一步延伸為樂舞。

不過，無論「南」的本義是樂舞還是樂器，在目前所看到的文字資料中，它就已經是假借用法了。甲骨文比較常見的是方位詞，南方的「南」，像是「東土受年，南土受年，西土受年，北土受年」的紀錄，而「南土受年」當然是指南方會不會有好的收成。甲骨文中還有一個比較特別的詞——「卯南」，從相關卜辭可以發現「南」有時與牛、豕、犬等祭祀用的牲畜一同出現，有學者推測跟幼小牲畜有關，不過這個用法不見於金文。西周時期的「南」也多表示方位詞，像是

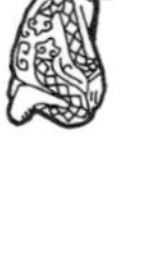

〈中甗〉「王令中先省南國貫行」，即指周王命令中先前往南國巡視。

由此可見，「南」作為方位詞是在很久以前就固定下來了，雖然我們知道它本來必然是某一事物的象形，不過在沒有任何確切證據出現之前，讀者還是可以參考「南」字形體，想一想它究竟是要表達什麼唷！

11 井流發威！是福還是禍？

說到周朝，你會想起誰？是周公與武王的禁斷之戀？召公與周公的辦公室戀情？還是又大又重、又臭又長的〈毛公鼎〉？好像西周歷史上，除了周公、召公、毛公，都沒有什麼其他有趣的家族？我們就沒辦法寫個西周版《冰與火之歌》，來場轟轟烈烈、瀟瀟灑灑的史詩級故事，打造小邦周金文產業鏈嗎？別氣餒，其實西周青銅器銘文有著豐富的貴族故事，當中的氏族之多、聯姻之繁、官場之盛，絕對能打開你的創作小宇宙。

在傳世文獻中，就有不少西周貴族的名號，而且他們都有顯赫的血統。傳說周文王昌哥多子，其子嗣分支有管、蔡、霍、魯、衛、毛、曹、滕、畢、原等家族。周武王阿發雖中道崩殂，也留下了邘、晉、應、韓四家族。阿發他弟弟周公後代有凡、蔣、邢、茅、柞、祭六家。周公自己的後代除了這六支分家，還有留在宗周、世代繼任周公職位的周氏與山東的魯侯正宗。除此之外，大量的姬姓貴族活躍在西周政治舞台上，諸如召、虢、番、密、榮、單等家族。在西周金文裡，這些可都是響噹噹的大家族。

然而這些古書上的家族，這兩千年來早就說爛。這次要來介紹的家族，在西周中期的恭、懿、孝、夷四王時期，顯赫非常，發家始祖也有銘文可查。悲哀的是，這支家族不像毛公、召公等家族能存續到春秋時期，他們早早淘汰出局，暴起暴落，湮沒於一層晦綠的厚重銅鏽下。

這個家族就是「丼」氏（音同井，不要唸成「洞」，他們家跟丼飯沒半點關係），他們與封到河北邢臺的「邢國」是有所區別的。「邢國」在金文裡寫成「井」，而「丼」氏就是在井中間打了一點。

這個家族最活躍的成員是周穆王時的「丼伯䚗（音同路）」，他大約在周穆王時受封為冢司馬，之後在政壇叱吒風雲，開創丼家黃金時代。（為避免讀者肚子餓，以下將「丼」統一改成「井」字。）

為什麼我們會知道「井伯䚗」開創了井家黃金時代呢？原因在於西周中期開始出現了一種特別的制度——「右者」。

「右」旁的字，現在有「佑」、「祐」等字，都有幫助的意思。「右者」也有類似牽成者的意味在，在周天子頒獎或冊封時，會由右者帶領受獎人進朝廷。

由於小邦「周」開疆拓土成了大邦「周」，地大了，事多了，人雜了，想見到天子一面？抱歉，不是你想見就能見的。現在一些大官，甚至是學校校長，不先去祕書室安排下，很難見上一面。

如同現代見大官，門房不會隨便讓你進去。要在朝廷晉升，你先得「有人」（右者）帶你進來。進來就能跟天子說上話嗎？抱歉，還是不行。依西周金文的記述，天子不太開金口的，通常是事先擬好一份詔書，交給祕書（古代就是史官擔任）宣布。

在西周中期的青銅器上，我們可以看到不少官員都是由「井伯」當右者帶進朝廷升官領賞的，因此「井伯」的權勢自然不言而喻。在周恭王到周厲王這近百年間，右者這個尊貴的工作，大致被三大家族壟斷：井氏、益氏、榮氏，其中井氏的比例還特別高。

電視劇《走向共和》中李鴻章就有一句經典台詞：「不任人唯親，難道還要讓我任人唯疏不成？非要讓我的部下不聽話，處處和我作對，就不叫培植私人勢力了？」這些右者作為引見者，很可能與升官受賞的人有千絲萬縷的關係，其親疏關係頗為微妙，或許類似今日所謂的派系。

但也有人感覺這樣解釋過於泛政治化，在部分青銅器銘文上看不出右者和升官之人的職位有明確關係。一種可能的推論是，有些右者可能單純地位顯貴，不沾派系；而井氏就不是這樣了，他們家族大概把右者當成提拔私屬的工具，形成顯赫的朝廷派系。

井流發威，固然有可能是英雄造時勢，更有可能是時勢造英雄。早期周天子跟臣子之間距離沒那麼遠，上殿受賞無須勞煩他人引進。到了西周中期很多事都變了，出現了右者這樣的政治監護人與政治門閥，為什麼呢？

有人認為周朝從開國後一路順風順水，到了昭王南征才吃了「喪六師於漢」的大虧。

六師是周天子的主力軍隊，昭王一次敗光，連命都搭進去了，於是王朝的目光就漸漸投向內部而非外部，重文治而非武功。

然而周朝行的是封建制度，這是一種依賴賞賜土地換取臣下忠誠的手段，一旦開疆拓土的力道減緩，就只好吃老本。可老本也終究有吃光的一天，該怎麼辦？那就只好搞些虛名唬弄人心，轉型制服業者。

我賞不了土地，可是我可以規定一槓是菜排，三星是上將啊。周星馳電影《九品芝麻官》有句經典台詞：「穿上這件黃馬褂，誰也打不了你！」正是這種制服業者精神的展現。穿上西周最高級制服：深黑色刺繡滾邊絲衣（玄袞衣）與朱紅色下裳（朱市），走路猶如自帶高亮聚光燈，在驚嘆之餘大家還要下拜敬禮。

這麼划算的花招，西周早期還沒想到。當時人心淳樸，天子會老老實實地賞賜銅料、貝殼（錢）等物質性資源。怎奈人心不古，周天子帶頭轉型做制服業者，給大家分成了三六九等，天子從此就不太賞真金白銀，改送制服、佩玉和兵器等象徵性道具，青銅器銘文上便有不少這樣的現象。

而在大搞形式虛名與階級治理之外，政府官僚體制也逐漸成形。從西周開國到中晚期，為了治理偌大的疆土，處置繁多的事務，官位也隨之增加。官場的初步形成，分贓酬庸……

啊不是，是選賢任能就成了一大問題。

周人雖然推翻了殷商，但周武王阿發跟他弟弟周公旦不是什麼穿越者，不可能脫離當時的思想，創造出前所未見的選舉官員制度。因此他們也只能從親戚中找認識的人去當官。說白了，就是家族企業！周初封建除了給幾個前朝餘孽封國，安撫一下之外，幾乎都是自家親戚出任。像蔡國、曹國、衛國是武王弟弟，晉國是成王弟弟，齊國是武王的姻親，魯國是武王侄子。說周朝是家族企業也不為過，反正殷商也是這樣搞的，王朝裡辦事的大多都是商王的宗親。

上從諸侯下到官員，幾乎都是終生任期制，而且兒子會跟著爸爸出入學習，之後也由兒子繼承官位，世襲罔替。在那時，官二代、官三代都不是問題，這樣才是專業、菁英、血統純正。

到了西周中期，官場逐步擴大成形，很多官以前也沒人做過，一些貴族就嗅到了機會的香氣。結合西周王朝轉向內部凝聚的政策，井伯可能就在這波浪潮中乘勢而起。周王要用儀式、服飾凝聚貴族，大貴族則在儀式中拉黨結派，井流發威也就不足為奇。

基於等價交換原則，周天子這樣賣制服換恩惠，將貴族科層化，穿著黑色刺繡滾邊絲衣與赤色下裳的貴族，和普通貴族區別開來，真的不用付出代價嗎？當然要，天子付出的代價並不小，他離底層漸遠，不得不依賴幾個大家族協助他治理萬邦，甚至在冊命官員時，不是叫人來朝廷裡聽旨，而是自己跑去大貴族家裡宣詔，實在是「禮賢下士」。

在一些西周中期貴族的糾紛案件中，周天子也不管事，責成五大臣組成的調解委員會裁決。當然，其中也有井伯的身影。總的來說，就是周天子用大貴族帶小貴族，讓貴族自己管理自己，天子只要好好賣制服，保持神祕感，讓大家對制服與官位保持信心，就可以穩坐江山。

著名的時事評論家孔子，就是制服業者這套想法的信徒。事情是這樣的，衛國有個傢伙救了執政官，執政官要賞他錢財，他不要，說要高階貴族才能用的服制與樂器，衛國人給了，然後孔子就說出「唯名與器，不可以假人」這句名言。

這種制服業者的階級信仰，為儒家所推崇，像《國語．周語》裡周襄王拒絕救命恩人晉文公討要天子喪儀的事，被編進書裡，傳為美談。

雖然井氏乘著世族崛起的浪潮大發威，但俗話說「人無千日好，花無百日紅」，從厲王、宣王開始，井氏就忽然徹底消失在右者之列，位於張家坡的井叔墓地也在此時期之後不再有新墓。這樣有如幽靈船一樣的神祕消失事件，引起了眾人的興趣。有人結合了傳世史書上周厲王時期的國人暴動事件，推測在周厲王末年的大暴動中，井流不威了，滅亡了。在這之後的青銅器上，竟然出現了周天子將井族土地，甚至是井氏族人賜予他人的記載。這樣淒涼的情景，堪比大觀園破敗後，一干男女眾等流落囹圄、淪為官伎的慘烈情況。這也像《冰與火之歌》中史塔克家族驟起驟落的命運，開始位極人臣，而後家族四散，苦苦掙扎求生。

《詩》云：「靡不有初，鮮克有終。」意思是事情總有個開始，卻很少能有善終。反觀那些老牌貴族如周公、召公、單氏、毛氏撐到了周室東遷，起碼還能在《左傳》中浮出水面露個臉。然而井氏沒有像小說人物一樣得以振興，亦不能如老牌貴族一樣掙扎求存，從此便消聲匿跡在歷史的長河中。

井流發威，曇花一現，人猶如此，人所創造的文字，又怎能不在潮流中苦苦掙扎呢？眼看它樓起了，宴賓客，又眼看它樓塌了，有沒有這樣悲慘命運的漢字呢？有的！

「辠」是一個很有趣的案例，這個字就是犯「罪」的「罪」。《說文》：「辠，犯法也。」許慎認為「自」本形本義是鼻子，鼻子遇上辛辣物，難受想哭，跟犯人一樣慘，是個會意字。

身患重病、親人過世、愛人分離……只要遇上人間八苦，誰都會鼻酸想哭，憑啥就一定指犯罪呢？這樣造字，問題出在畫面太大，意思太窄，使用這麼久了，意思還不歪掉跑偏，並不合理。

其實「辠」裡面的「自」是聲符，而「辛」本來是「辛」（音同千），兩字形體相近，「辛」是古代刑具的樣子。

「妾」這個字上面的「立」不是「立」，而是「辛」，意謂身受刑的婦人。古代的「臣妾」有寬窄不同的意思，有「臣子妾室」的意思，也有指「奴隸罪妾」的。大約就像清代要能自稱「奴才」的，身分可高了，不能看著字面就說是「奴僕」的意思。中文，就是這麼神奇，得揣摩當時上下的語境，才能正確理解語意。

話說回頭，「辠」在楚國竹簡上很流行，在一些保留六國文字的古書上也都有這個字，不敢說盛極一時，但起碼占據主流位置。反觀「罪」字幾乎沒有見到，一直到小篆才出現。可就是這樣惦惦吃三碗公的「罪」字，竟然在秦朝之後實現了絕地反殺，真是神奇。分析師許慎認為是秦朝嫌「辠」字長得太像「皇」，所以改成「罪」，畢竟一不小心寫成「始辠帝」，麻煩可就大了。

至於「罪」字，上面有個「网」（網），本來可能是一種魚網。但抓魚跟抓人其實也差不多，用「網」抓住為「非」作歹之人，跟「罪孽」這個意思好像勉強依稀也沾得上邊，於是「罪」字就順利把「辠」擠出常用漢字之列。

「辠」雖然被排擠成為邊緣字，起碼我們現在還能在書上看到它。然而，在古文字裡還有很多我們不認識的字，這不是教授學者偷懶不做事，而是臣妾真的做不到啊！有一部分原因是某些字就出現一次，巧婦難為無米之炊！有一些字被

形聲化大改造，像「琮」字，甲骨文寫成象形「」，取象玉琮由上往下看，內圓外方的樣子，形聲化後變成玉加上宗聲，跟原本的形體一點關係都連不上了。

12 西周經營之神——裘衛的致富之道

發大財，是人人想要的事。然而，這絕對不是喊喊口號就能實現的，究竟該怎麼發？投資什麼產業可以發？這就有賴成功人士來給我們指引了。

雖說西周是個講究血緣的社會，擁有貴族血統遠比發大財來得重要。但是隨著貴族人口越來越多，任憑血統再高貴，若沒能擁有些財富，或是別人看著羨慕的稀罕玩意兒，那也實在沒有個貴族樣。

貴族們為了體面地前進上流社交場合，只好捧著錢糧去交換珍稀物品，而這些能夠提供罕見商品的職人，便成為貴族請託的對象。這樣的人，即使在二十一世紀的今天也能毫不意外地發大財，更何況在西周。今天就來為大家介紹西周皮裘達人——裘衛先生的致富之道。

裘衛先生的故事，是來自一九七五年陝西岐山董家村窖藏出土的四件青銅器。由於銘文上頭有著完整的時間以及明確的「裘衛」兩個字，所以專家學者們斷定這四件青銅器都是同一人所做。

裘衛先生來歷特殊，他並不是姓裘名衛，而是一位負責管理或製造皮裘、單名為「衛」的人。根據《周禮》，古代有一種負責管理皮裘的官員叫「司裘」，裘衛應該就是擔任這樣的職位。不過若是用現代的思維想像，很容易誤以為裘衛先生是個拿著鑰匙管理皮裘倉庫的公務員，但事實並非如此，裘衛雖然是個「司裘」，但西周貴族可是要跟他「買皮裘」的，這也就是為什麼裘衛先生可以發大財了。接下來，就讓我們按著銘文上的時間順序，看看裘衛先生是如何飛黃騰達！

這四件青銅器中，製作時間最早的一件是〈衛簋〉，做於周穆王二十七年，記錄衛受到周天子召見和賞賜的事件。〈衛簋〉銘文說，在周穆王二十七年三月戊戌日，裘衛在南伯的引導之下，見到了周天子，並且得到一些禮物。裘衛覺得此事無比光榮，於是做了個青銅器以茲紀念。這篇銘文非常單純，實在看不出裘衛先生如何致富，不過可以知道他至少是一位受政府高層賞識，甚至有機會見到最高領導者的職人。

至於真正的致富玄機，則在其他三件青銅器裡。

〈衛簋〉

裘衛先生在恭王三年又做了一件銅盉，「盉」是一種三足且帶有器蓋的溫酒器。但〈衛盉〉銘文和酒一點關係也沒有，反而記述了一段土地轉讓的過程，故事主角正是裘衛與矩伯。

事情是這樣的，據說周天子某天想舉辦派對，和大家一起同樂，於是貴族矩伯收到了來自王城的邀請函。然而，矩伯沒有一絲一毫的喜悅，反而感到非常苦惱，因為他雖身為貴族，卻沒有像樣的禮服可以參加派對。大家都知道，參加上流社會的派對，若沒有稱頭的打扮或是帶上正確的伴手禮，是會給其他人笑話的。偏偏矩伯又不能拒絕天子的邀請，走投無路的他，只好用八十朋（一朋是兩串貝）的貝和十田的價格，向裘衛換得了一件玉器當裝飾。

可是只有一件玉器還是很不像話，總不能帶著蒂芬妮的寶石卻穿著廉價的夜市衣服吧！於是，矩伯只好另外再向裘衛要了兩件赤玉的琥、兩件鹿皮披肩跟一件雜色的蔽膝，這些物品一共開價二十朋。可憐的矩伯手頭實在沒有現金了，只好跟裘衛商議，改用三田支付。

這場交易因為涉及土地的轉讓，所以裘衛必須辦理相關行政手續，並請執政大臣出席公證，現場主持田地移交儀式。看到這裡，相信大家已經發現裘衛致富的奧祕，矩伯不過是要參加一場派對，就支付了十三田和八十朋的貝，難怪裘衛樂呵呵地做了一個青銅器來記錄此事。

不過生意做久了，難免也會遇上紛爭官司。這時若懂得運用法律保護自己，不但能避免損失，還可以增加財富。裘衛在恭王五年就攤上這樣一件土地爭訟，告發者就是我們的裘衛先生，他控告了一位政府官員——邦君厲。

話說這位邦君厲原先參與了政府的土地開發政策，承包昭王太室東北二川的開發工程。這個工程可能侵害到了裘衛的某些土地權利，因此邦君厲曾答應要補償裘衛五田，可是後來邦君厲背信棄約，沒有如實交付賠償，氣得裘衛一狀告上了執政大臣那裡。當時以邢伯為首的五位大臣接受了這個指控，經過傳喚及查證，邦君厲承認確有此事。因此執政大臣做了裁決，要求邦君厲發誓，並交待官員前往勘定田地，劃定範圍，現場補償裘衛四田。雖然不知道裘衛為何只得到四田的補償，而不是原先約定的五田，不過有總比沒有好，所以雙方還是很開心，而邦君厲的兒子和管家更為此舉行宴會，並送了禮物給大家。

裘衛可說是西周時代最有頭腦的生意人之一。恭王九年，他又做了另一件青銅鼎〈九年衛鼎〉。銘文記錄他和忠實顧客矩伯的另一次交易，而不難想見，裘衛肯定又從中大賺一筆。

周恭王九年正月，天子準備在駒宮接見眉敖國的使者「膚」，並為此舉辦了盛大的接待禮。咱們矩伯再度收到來自王城的邀請函，這次的場面比上次規模更大更豪華，已經不是區區幾件玉器、新衣服可以應付。矩伯為了參加這次禮典，特地向裘衛商要了一輛閃亮亮的名車，以及許多車子的配備和裝飾品。看到這裡是不是覺得有點震撼，裘衛先生這幾年來居然已經從服飾紡織業跨足車輛產業，儼然是個商業鉅子！矩伯夫人也跟裘衛要了一匹半的布帛準備做衣裳。

矩伯夫婦為了買這些東西，把自己的一片林地給了裘衛作為代價。林地裡有一片顏氏的林子，而顏氏家族可能原來是矩伯的家臣，隨著林地也被送給裘衛。裘衛先生為了討好新下屬，送給顏家主人「陳」兩匹大馬，夫人「姒」青黑色服裝一件以及其他人各色禮物。最後，裘衛順利地踏勘新領土，也再度發了大財。

以上就是裘衛先生的成功經驗，看了是否令人好生羨慕？過去我們對西周貴族的生活瞭解不多，而裘衛四器的出土，不但讓後人見識到古代貴族生活的華麗與悲哀，也對古人如何進行交易、轉讓土地有更深刻的理解。而從裘衛先生的故事，我們可以發現，「發大財」不只是一句口號、一個夢想，更是實實在在的經營之道。

漢字文化專欄

說了那麼多裘衛先生的故事，大家是不是漸漸與他熟悉起來了呢？今後大概不容易忘記這號人物。接著就來講解一下裘衛先生的大名——「衛」字是怎麼樣的一個字吧！

「衛」這個字由來許久，早在甲骨、金文就已經相當常見。它比較原始的形態見於商代金文，長得非常逗趣，像一幅圖畫，寫作「」形。這很明顯是一個會意字，有四隻腳丫子，圍繞著一個城邑，象徵保衛家園。

雖說這原始形態並不難理解，但是到了後來，「衛」卻冒出很多種變形長相。第一個比較好理解的變形，是從四隻腳丫子變成上下兩隻，寫成「」，就是我們常見的「韋」字。這個變形的道理很簡單，就是因為寫四隻太麻煩了，自動減省成兩隻，可見古人多聰明呀！

第二種變形稍華麗，但不難理解。就是在「韋」的兩旁加上「行」，而中間的城邑變成了「方」，寫成「」或「」形。學者認為中間的「方」是要表示這個字的聲音，而和保衛有關又有「方」聲的字，就是防衛的「防」啦！

第三種變形則是將「衛」中間的城邑，換成「帀」形，就變成裘衛先生的名字了。金文中很常出現「衞」形，而這個字其實就是「衛」的異體字，《説文解字》説是「宿衞也」，就是指那些駐紮、防守在王宮四周守衛的人。又説這個字从韋帀从行等部件會意，表示排列成行護衛的意思。

無論是「衛」還是「衞」，在甲骨、金文中都是防衛、保衛的意思。除此之外，有時還會作為祭祀的名稱，或是人名、地名。基本上，「衛」字的意思自古至今都是很清楚的。

在楚系的簡帛文字裡，「衛」的寫法往往在下方又加上「止」形，大概是想強調行走的意思。秦系簡帛文字則維持金文的「衞」形，不過神奇的是，「衛」字到了小篆，居然融合了第一形和第三形，寫成了「」，又是防守又是駐紮，簡直滿滿的守衛感呀！

當然裘衛的名字雖然是「衛」，但請大家記住，他跟守衛可是一點關係也沒有，而是一位相當成功的經營之神呀！

13 員工怒告上司，竟遭判決鞭刑一千

在遙遠的西周時期，一位名為「牧牛」的員工怒告上司「訓」，甚至驚動了西周政府。究竟，兩人之間存在什麼樣的恩怨情仇，讓身為屬下的牧牛不惜面對被鞭打的處罰，也要興訟？

由於紀錄缺乏，這件事情的詳細過程及具體原由已無法得知。我們只能知道西周有位勞工「牧牛」，有天被老闆惹得很不爽，於是上告法庭。負責審理這樁勞資案件的法官叫作伯揚父，他針對這場訴訟提出的判詞表示：牧牛光是敢和上司爭訟，就已經違背了當時社會的成規，因此裁定牧牛必須前往嗇地與上司和解，並交付原本答應要給訓的五人。由於牧牛犯後態度良好，也願意履行誓言、認可供詞，獲得裁判單位的肯定。於是，伯揚父大發慈悲為牧牛減刑，從原本鞭打一千下，再施以黑巾裹頭、臉頰刺字的墨刑；減輕為鞭打一千下，施以臉頰刺字的墨刑。

什麼！控告上司居然就要被鞭一千下加上墨刑，西周的勞工跟勞權似乎沒什麼保障，這樣還有哪個員工敢當吹哨者呢？西周對於屬下告老闆的法則，在今天看來雖然頗為不合理，不過俗話說得好，有錢能使鬼推磨，在法律條件相對自由奔放的當時，是可以用繳納罰金來減輕肉體刑罰的。因此，只要牧牛願意繳納罰金三百鋝（音同略），伯揚父就為他減刑為鞭打五百下就好。

雖然牧牛依舊逃不過被鞭打的命運，不過比起原來的懲罰好太多了。因此伯揚父得意洋洋地要牧牛發誓：從今以後再也不能有事沒事興訟，要是上司再次把牧牛控告上來，就要恢復鞭打一千下，再施以黑巾裹頭、臉頰刺字的墨刑。而老闆訓得知這個判決似乎也很滿意，便把決議鑄在青銅器上，也就是〈訓匜〉（匜音宜）。

讀者看到這邊，想必對西周司法充滿了不信任感。不僅升斗小民打個訴訟就要遭受如此不公平的待遇，連相關罰則好像都沒個標準，似乎只要繳錢就可以無限減刑，這難道不是一種公然勒索嗎？當然，在如此久遠以前的古代社會，是不存在我們今天認識的法治，因此這些命令或處罰也往往有著相當大的彈性。

像是〈師旂鼎〉（旂音奇）的記載，就能看出彷彿橡皮糖般的法律彈性。事情發生在三月丁卯這天，西周軍事官員「師旂」的屬下們突然發癲，竟聯合抵抗周王命令，拒絕跟隨政府大軍征伐方雷。師旂見屬下如此失控，非常不爽，於是找了他的僚屬「弘」，向長官伯懋父控告這件事。伯懋父瞭解來龍去脈以後，做了判決，對疑似帶頭抵抗的「得」、「系」、「古」三人處以罰金三百鋝。然而這三人非常囂張，拖著不肯繳納罰金。於是伯懋父更加不悅，決定放大絕，主張不繳納罰金就把三人統統流放。三人得知新判決，可能感覺害怕，便乖乖繳納罰金，於是就取消流放了。

西周時代的罰金就是如此之神，不管鞭刑還是流放，只要乖乖繳錢，一切都好說。這樣聽起來似乎很不妙，彷彿地位低的、沒錢的人都處於弱勢，很難抵抗這看起來一點也不公正的司法判決。不過，事情也不全然那麼糟糕，有時候跟地位較高或是握有較大權力的人爭訟也有可能成功。

另一個案件是買賣皮草的有錢人「裘衛」跟負責政府工程的官員「邦君厲」之間的訴訟，見於〈五祀衛鼎〉。裘衛在某一日向執政大臣控告了邦君厲，指控邦君厲曾經負責政府的水利工程，要治理昭王太室東北方的兩條河流，而這個河流工程可能影響或徵收了裘衛他家的土地，所以邦君厲允諾補償五田給裘衛，可是遲遲沒有下文，於是裘衛一狀告上了執政大臣。

得知此事的執政大臣們連忙與邦君厲確認，詢問他是否答應過補償田地給裘衛。厲坦承不諱，於是執政大臣們便進行了裁斷，讓厲發了誓，並且安排相關官員前往勘定，劃定了疆界，命令邦君厲現場交付裘衛田地。案件的最後，兩造雙方都很滿意，勝訴的裘衛還準備了慶功宴，包括邦君厲的小兒子、厲的有司和裘衛的家臣都參加了宴會和相關儀式，一派和樂融融。裘衛甚至將此事鑄勒在青銅器上，說要珍藏這件寶鼎。

裘衛的勝訴顯然與他的萬貫財富無關，而且西周時期的有錢人，地位並不像後世那麼高，裘衛敢於跟掌理政府工程的邦君厲爭訟，想必握有相當程度的證據。而邦君厲也是相當有擔當的政府官員，面對事情不閃躲也不轉彎，講過就是講過，勇於實踐自己的承諾。也正是雙方都算理性平和，因此執政大臣才能順利完成這次的審判。

這種順風順水，打得合理、打得愉快的訴訟，在西周時期好像也不罕見，還有一場有趣的訴訟案件見於〈曶鼎〉（曶音忽）。

〈曶鼎〉銘文本身相當奇特，共分成三段，講述三件不同事情。第一段是講「曶」這個人接任了家族傳承的「司卜」職位，也就是負責幫西周王朝占卜的王家算命師。第二、三段都是記錄訴訟案件，但是第二段銘文至今仍然難解，所以先跟大家介紹稍微能懂的第三段。

這是關於「曶」家裡田地被偷拔菜的事件。在鬧飢荒的某一年，曶家田地的莊稼給人偷拔了，曶來到現場清點損失，發現被偷了十秭糧食（秭音子），而且證據清楚表明，凶手就是貴族「匡」的二十個家丁。曶十分生氣，一狀告上了東宮那裡，這東宮不是太子，而是西周的一個官署。東宮聽完就派人傳話給匡，要匡趕緊把凶手給帶來，否則就從嚴「處理」他。

匡知道以後，並沒有趕緊去將凶手帶來，而是跑去跟曶和解。只見匡撲通一聲就跪了下去，磕著頭想取得原諒，並且答應用五田、一個自由民和三個奴隸賠償。還說他實在沒辦法把凶手帶來，若是沒有履行賠償承諾，就讓曶盡情地鞭打他。但是，曶顯然不願意接受匡提出來的和解方案，所以又把匡拎去了東宮，強調在這飢荒的年歲，重點是糧食呀，誰要他的田和人。東宮聽完也覺得很有道理，便判決匡要歸還曶損失的十秭糧食，同時還要加倍處罰十秭，總共二十秭。繳交期限就是今年年底，要是逾期不繳，那就再加倍，變成四十秭。

而根據最後的紀錄，匡最後又多賠給了曶兩塊田地、一個奴隸。總計是七塊田、五個人還有三十秭糧食。等等，這怎麼跟前面講的不一樣呢？讀者應該發現了，原本五田四人是匡提出的和解條件，二十秭糧食是東宮的處罰條件，而顯然匡沒有在時間內實現承諾，所以又被多罰了。

所謂有人的地方就有江湖，有江湖就會有紛爭，有紛爭必然會有訴訟。從傳世文獻和青銅器銘文之中，可以看出西周還是個頗為重視訴訟的政府，曶的案件雖然看來峰迴路轉，不過最終他依然勝訴，這也說明當時政府在審理案件時，還是有某些根據。儘管很多制度從今天的眼光看來相當難以理解，不過通過這些訴訟，讓我們更加瞭解周人生活面貌，對於認識西周社會細節有著很大的幫助。

漢字文化專欄

這些記錄訴訟的西周銘文，被視為中國傳統法律的前身，時常被研究法制歷史的學者拿來討論。中國古代雖然不是像今天一樣的法治社會，但仍然有法律條文，而本單元要來跟大家討論的正是「法」這個字。

話說我們今天寫的「法」是一個簡體字，它在古籍裡並不這樣寫的，原本的「法」是電腦選字中可以看到的另一個造形——「灋」。它从水从廌从去，《說文解字》說：「灋，刑也。」本意是刑法，引申為人們可以依循的行為準則。

大家很容易就能發現，古代的「灋」跟今天的「法」最大區別在「廌」。那「廌」是什麼東西呢？它是一種像鹿的動物，甲骨文寫成「」，很明顯頭上有一對很大的角。傳說廌可以用牠的犄角辨別是非，當爭訟不決時，法院就會派廌出馬，牠會去頂理虧的那一邊。有沒有這麼神？就是有。所以《說文》特地強調了這個功能：「廌，解廌獸也。似山牛，一角。古者決訟，令觸不直。象形从

豸省。凡廌之屬皆从廌。」因為廌公正不阿的形象實在太深入人心了，所以古代法官的帽子又被稱為「解豸（廌）冠」，而清朝都御史官的官服上也繡上了牠的圖案，以表辨別忠奸。

那為什麼今天寫的「法」字卻沒有了「廌」呢？道理很簡單，當然是筆畫太多，古人覺得實在很麻煩，於是就自由奔放地把「廌」給拿掉了。沒有了「廌」的「法」字變成了一個形聲字，因為「去」是「盇」最原始的樣貌，而「去（盇）」又記錄了「法」的發音。然而不管怎麼樣，沒有「廌」的「法」，就好像失去靈魂的軀殼，我們已經很難從現今的組成去推想它的本義了。

14 厲王還是烈王？一場被抹黑的失敗改革

在強大而殘酷的殷商滅亡之後，上古中國經歷了一段波濤洶湧的混亂期。有賴周公旦在文治武功上的苦心經營，開創了連孔子都魂牽夢縈的周代精神文明，周人體認到神與人的分際，人須盡力於行德，上天才會賜福賜壽，祭祀只是這種「德」的體現手段之一，不是全部。

這個重視德治的王國統治了兩百年後，上從天子，下到士大夫，雖然嘴上說的是仁義道德，做的卻是兼併田地、阿附高層的事情。〈散氏盤〉書寫貴族之間田界糾紛的現實問題；〈五祀衛鼎〉暴露貴族為了取得階級表徵的玉器而販賣土地的事實；〈訓匜〉更是殘酷地書寫底層人士被上層貴族打壓的案例。

沒有任何建制是可以百年不變的，古老的制度勢必要隨著時代的變遷而做出相應的改革。開國以來的封建制度建立在那時日闢地千里的輝煌之上，貴族享受著周公旦在山東血戰建構的封建防禦網，直到周昭王南征失敗，周王國的征途才宣告終止。但是封建制度不會停止，有功有恩的勳舊都要封地，可是周圍已經沒有更多更好的領土可以安插。統治階級開始玩弄各種文創小物，用各種制服與器物販賣天子的無上權威。

這個由實轉虛的轉向進程，在一位天子的手中被短暫中斷，史書說他愛財，想方設法地聚斂各種財富，重用跟他一樣貪婪的大臣汲取國家的金錢。這位天子就是周厲王，西周第十位天子，他橫徵暴斂的行為引起人民的反感，各種批評的言論如旋風一般在市井流行。

我們可以想像，一位每天上朝都被群臣歌頌的天子，在聽到這些批評時能有多憤怒。他不顧大臣的勸阻，組建特務機構抓捕那些異議者。這當然是非常愚蠢的粗糙作法，他以為讓人民不能溝通，彼此成為孤立的個體，反對的風向也就會消散。人民雖然不能發表反對言論，不知道現實的民調風向究竟如何，但他們每天在街上還是能用眼神傳遞不滿的訊息。不滿就是不滿，不可能因為民調蓋牌而自己消失，更不會因為上位者把這些看成黑厲王產業鏈而自動消解。然而得意洋洋的周厲王跟大臣召公說：「我可以消滅那些黑我的言論。」蓋住民調，大有自以為贏得民心的自信。召公卻說：「防民之口，甚於防水。水壅而潰，傷人必多，民亦如之。」召公更激烈地對天子說：「你試著蓋住民調，堵住大家的悠悠之口，你根本撐不了多久！」

一如召公所言，三年後這股反對橫徵暴斂的洶湧浪潮成了大海嘯，他們攻進王宮，周厲王得知消息後驚訝不已，匆忙逃往「彘」地，並且此後再也未能返回權力中心。貴族們嘗試自己控制國家，史書上稱為「共和行政」，也是今日所謂共和國之名由來。

以上是我們從史書上見到的故事。厲王，一位失敗的統治者，他犯了所有威權統治者的錯誤，也成為後世所有暴君的借鑑。但是事情真的那麼簡單嗎？我們不禁要問，為什麼周厲王要聚斂財富？為什麼史書上說他「專利」？所謂專利，無疑是收歸各路財政在王的手中，從現代人的角度來看，這詞本身可能沒有負面意涵。那麼，周厲王錯了嗎？

歷史是勝利者的作品，既然最後的勝利者不是天子，而是那些貴族，我們就不得不想到前面說的那些貴族事跡。他們爭奪田地，販賣田產，壓制下位者對他們的控告，然後把這些他們所謂的「勝利」寫在了青銅器上。

在西周初年，為了給予那些浴血奮戰、戮力從公的貴族回報，封賞了不少田地。一代代下來，國家開疆日少，貴族賞賜日多，任何有遠見的人都會發現這絕對是一種可怕的慢性自殺機制。

為了維持天子的統治力量，周厲王的專利無疑是嘗試與貴族爭奪權力的手段。他從貴族中挑選忠於他的榮氏家族作為爪牙，奪回本來就該是他的財富。如果不這樣做，國家這塊餅就這麼點大，貴族一天天分食，天子一天天窮困，國家必然瓦解，王權必然崩墜。因此周厲王不得不嘗試收回本屬他的財富，可以說這是一場西周王朝的財政改革。

而你知我知，連公園阿伯都知道，任何改革只要碰到錢的問題，幾乎跟殺人父母沒什麼兩樣。貴族的既得利益受到重大刺激，便聚集在一起，趕走了天子，並將天子永絕於權力中心之外。因此，史書上所謂「專利」、「橫徵暴斂」可能需要換個方向解釋。

關於共和之變的說法非常多，這過程的資料已經相當稀少，很長一段時間大家都認為貴族真的搞了個共和體制，實行貌似民主的集體共治。其實從一些近年發現的西周銅器上可以發現，周厲王跟周宣王之間，貴族隻字未提共和時期。整個西周晚期的銅器記載裡，彷彿史書所說那場轟轟烈烈的共和之變從未發生過。

這一部分肇因於銅器的紀念性質，畢竟我們不會在紀念獎牌上寫跟得獎無關的事情，更不用說寫什麼不光彩的往事。在兩件記錄西周歷史的珍貴銅盤上，即使是南征失敗的周昭王，也沒有提到他死在南方的事，反而還歌頌昭王如何在南方開疆闢土。

儘管如此，歷史學家的工作就是在這些古人自以為的「勝利」紀錄中，找尋那些刻意遮掩的蛛絲馬跡，從而戳破那些當權者製造的神話。我們從西周晚期的銅器中看到貴族如何爭奪田產，天子如何窘迫地賞賜畸零地給貴族。從這些紀錄，我們可以大膽地推測封建制度如何將西周王朝捲入自殺漩渦中，周厲王如何嘗試擺脫這個漩渦，貴族為何敢於反撲他們的「天之子」。

前面我們談到周厲王試圖奪回權力的故事，很多人以為周厲王的「厲」正是因為他殘暴的施政而得名。《逸周書．諡法》：「暴慢無親曰厲。殺戮無辜曰厲。」聽起來好像很差勁才會得到這個評價，難道貴族可以汙辱前王？繼位的周宣王，史上也算是中興之主，他能放任貴族取這麼難聽的諡號給自己的老爸嗎？

從青銅器上看，這根本是一場誤會！

為什麼這麼說呢？因為從一開始，周厲王就不叫周「厲」王，而是叫周「剌」王，不是刺刺的刺喔，是大剌剌的剌。現在「剌」字左邊是一個「束」，雖然長得很像一束兩束的「束」，但在古代這個字是「禾」中間穿插一個「口」。「口」本來也不是「口」，是一個小圈，用來標示「禾」的莖稈，才畫在中間用作標示，這就好像我們會在書報上畫圈表示重點。莖稈加上一把刀，這個會意應該就很明顯了吧，那就是用刀割禾的莖稈。這個字的字音古代跟「裂」很像，也有點意義

上的牽連，因此就被借去表示跟「列」相關的意思。

跟「列」有關的字當中有一個跟表彰王公貴族的偉大很有關係，那就是「烈」，英烈、壯烈、烈士、轟轟烈烈都是至今用來形容英雄偉人的詞彙，本來的意思應該是火勢猛烈，因著猛烈的火勢而有光明綻放的意思，很適合用來形容偉大的人。而回頭查查《逸周書．謚法》，就可以發現這是個好字：「有功安民曰烈。秉德遵業曰烈。」

因此，周厲王本來應該是周烈王，也很符合他與貴族鬥智鬥勇、波瀾壯闊的人生。至於為什麼會變成厲王呢？很簡單，因為厲、烈兩個字音近，加上他改革的失敗，使得「周烈王」這個名號被封印於西周金文裡。

西周青銅器銘文的記載，不只給周厲王洗了個白，還顛覆了我們以往的認知——惡謚。過去大家多半認為古人有惡謚，也就是謚法是公正的，暴君就要給他一個差勁的稱號。順著有惡謚的認知，人們也就認為周厲王可以說是最早的受惡謚者。

由於西周金文數次出現周剌（烈）王，人們開始認識到，西周十三王可能無一是負面稱號。又因一件名為〈史牆盤〉的銅器出土，銘文寫著史牆的祖先世系

有一位「青幽高祖」，這就讓人聯想到「周幽王」的「幽」可能也不是惡謚。雖然《逸周書・謚法》說：「蚤孤隕位曰幽。雍遏不通曰幽。動靜亂常曰幽。」這看起來是非常糟糕的謚號。不過西周金文中有幾位貴族不約而同地將祖先冠以「幽」字稱號，很顯然「幽」應該不是當時普遍認識上的壞稱號，畢竟〈禹鼎〉上面說的是：「希望上司不要忘記祖先幽叔、懿叔的功勞。」如果是壞稱號，那不是叫上司想起令人討厭的過往嗎？

所以回歸到一開始的問題：「難道貴族可以這樣汙辱前王？」可以是可以，但在西周時代，還沒有發展出公平客觀評價先王的謚號傳統，只有死者為大的頌揚美謚。

15 西周王朝的影子軍團——武公和他的戰神們

許多古代文明都有驍勇善戰的武將，他們殺敵無數的故事總是讓後代傳誦不已，這些人物往往被奉為戰神，被崇拜、被景仰，甚至成為被祭祀的對象。而在「郁郁乎文哉」的西周王朝呢？在那衣冠冕旒、擊磬鳴鐘的禮樂時代，朝廷裡的歲月靜好，其實是殺伐勇猛的武將在替他們負重前行。他們善於帶兵打仗，不僅捍衛周王朝的國土，更是維持京師安全的關鍵人物。然而，這些武將不僅名不見經傳，更非直屬於周天子的武力。他們真正的主人，是西周王朝裡的一位大臣——武公。

武公究竟是誰？來自哪個世家大族？從目前的材料看來還是個千古之謎。我們只知道他擁有許多驍勇善戰的部將，不但如此，武公甚至擁有數以百計的戰車及眾多的士兵。上古時期，能出萬乘、千乘已是王者等級，武公有良將數員、戰車百乘，軍事力量不容小覷。看到這裡，是不是想起明朝將領戚繼光帶領的戚家軍，或是清朝大臣曾國藩的湘軍呀？沒錯，這種私家軍團恐怕早在西周就已經出現。可是，不是說「普天之下，莫非王土，普天之下，莫非王臣」嗎？難道西周允許擁有私人軍隊？

過去我們熟悉的古典文獻裡，經常將西周說成是個君臣關係和樂融融，美好無比的年代，很容易以為所有事物，尤其是軍事，都是歸周天子管理。不過若是對周代封建制度稍有理解，便不難想像這些天子底下的王公貴族們，必然有著自己的武裝力量。大家可能覺得這種私兵部曲（按：部曲泛指軍隊）力量多半不會太強，其實不然。在幾件青銅器銘文上，記載了武公的私兵部曲立下不少戰功，兵威赫赫，一點都不輸給王朝的正規軍。

武公手下的戰神一號，名叫「多友」，他的戰功是替周天子趕跑了前來入侵的玁狁（音顯允），收復了京師。事情發生在十月的某一天，周王朝周邊的外族玁狁突然大規模入侵京師。眼看著戰事就要逼近王城，周天子嚇得屁滾尿流，連忙命令武公找個能打的戰士，去京師好好料理一下玁狁。於是武公便命令部將「多友」帶著軍隊前往京師迎戰。

就在多友奉命出征同時，玁狁入侵荀地，俘虜了荀地不少人馬。多友得知敵人動向後，立刻提兵追擊。隔天早上，雙方爆發大戰，多友帶領的武公軍團斬獲玁狁兩百多人，活捉二十三人，俘虜對方的兵車一百一十七輛。更重要的是，多友即時搶救了所有被俘的荀人。

玁狁撤退後，又被多友追上，再次開始纏鬥。多友這次斬獲三十六人，活捉兩人，得兵車十乘。玁狁眼見情勢不對，狼狽而逃。多友軍毫不留情，一路殺將過去，沿途擒獲不少敵兵。玁狁在楊塚這個地方又被追上，多友又斬獲一百一十五人，活捉三人。最後一次的行動導致玁狁潰不成軍，兵卒紛紛棄車逃逸。最後還因為敵人丟棄的車馬實在太多了，多友軍無法順利帶回京師，只好就地焚燒丟棄。

我們的戰神多友這次大獲全勝，很高興地將戰果稟告武公，武公也將好消息傳達給周天子。這場反擊戰實在打得太漂亮了，不但救出了自己人，還給敵人沉重的打擊，讓周天子很是高興。周天子賜土田給武公，而武公也沒有忘記多友的功勞，特地召見多友，親自獎勵了他，並賞賜玉器、鐘以及銅料。多友收到這些禮物自是感激涕零，特地做了個青銅鼎紀念此事。而這個鼎，就是現藏於陝西博物館的〈多友鼎〉。

〈多友鼎〉

事實上，武公手下像多友這般強大的軍事將領不只一個，還有一位不輸「多友」的將領，他名為「禹」。大家可不要誤會，這位雖然跟很會治水的禹同名，但可不是水利專家，兩人時代也不一樣，他是武公的下屬，主要戰績是幫助周天子的皇家禁衛軍弭平鄂侯馭方的戰事。

禹參與的這場戰事，可說是西周晚期最關鍵的軍事活動之一。起因是原本和周王朝關係良好的鄂侯馭方，忽然聯合南淮夷、東夷兩支在地部族，大規模攻打周王朝的南國和東國，兵鋒直指王朝腹地。這讓曾經與鄂侯馭方感情深厚的周天子震怒不已，因此命令周王朝建立以來最重要的兩支正規軍隊——西六師、殷八師去討伐鄂侯馭方。這無情的背叛，令天子極度憤怒，在詔令中竟然要軍隊對鄂國趕盡殺絕，任何一個老人與小孩都不能放過，定要讓鄂國從此消失在人間！

然而西周晚期的西六師與殷八師武備廢弛，居然無法達成周天子的命令，久攻不下鄂侯馭方。武公實在看不下去，想著還是得自己人出手才行，於是派遣禹率領兵車百乘、步兵千人，協助西六師、殷八師討伐鄂侯馭方。因為禹跟武家軍確實有堅強的戰力，最終順利拿下鄂侯馭方。禹立下了如此赫赫之功，卻頗為謹守家臣的本分，先大大地表揚了自己的上司武公英明神武，並特地做青銅鼎來紀念此事。

看完多友和禹的故事，應該可以感覺到武公的族兵在西周晚期確實扮演重要角色。而他手下除了多友、禹這些武將之外，像是〈敔簋〉的器主敔（音同羽）雖然是接受周天子命令前往討伐南淮夷，但在戰爭結束、接受賞賜之時，武公居然也出現在現場，擔任儀式中介的「右者」，協助敔順利完成賞賜儀式。若以此看來，敔和武公的關係也很密切，說不定也是武公手下的武將之一。

說到這裡，大家內心肯定覺得，西周晚期的周天子和王朝軍隊，好像有那麼一點廢呀？這時期的周天子的確是有點力不從心，即使鄂侯馭方徹底激怒周天子，逼得天子發動滅國式攻擊，但單靠天子之兵仍然無法使鄂國徹底消失。

不過周天子本來就只是萬邦百姓的共主，早期周王能控制的武力還算強大，但隨著土地人民不斷地分封給貴族，到晚期就沒有什麼軍事實力了，需要依靠貴族大臣的族軍支援才行。甚至在更晚的春秋時期，周天子還得請諸侯們出兵幫忙解決各種紛亂，那才是真正的憋屈呀！《詩經》中「王赫斯怒，爰整其旅」的氣魄，在西周晚期便已然衰微。

漢字文化專欄

看完西周戰神們的故事後，要給各位介紹一個字，這個字就是「禹」。前文我們已經說過了，戰神「禹」不是傳說中治水的那個大禹，只是剛好同名而已，怎麼會這麼巧合呢？請不要感到意外，因為這個「禹」在西周時期可是像雅婷、家豪那樣的菜市場名字呀！而關於「禹」字的故事，最有名的大概就是民國初年學者顧頡剛所提出的「禹是一條大蟲」之說了吧！

顧頡剛先生是民國初年重要學者，成長於晚清時期，受到西學的影響，開始研究中國古代歷史與傳說。顧頡剛的研究，主要是辨別文獻裡面流傳的那些古代歷史，質疑這些歷史的真偽與流傳情形，後來集結成一部很重要的史學著作《古史辨》，此書出版之後，更掀起當時史學界一股很重要的「疑古思潮」。

在這波疑古思潮中有一個很重要的論點，就是顧頡剛根據《說文解字》：「禹，蟲也，從厹，象形。」推測古代偉人大禹根本不是人，而是一條蟲。此說

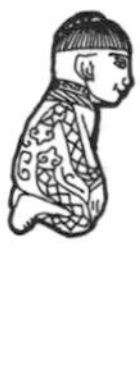

一出，大大震撼當時的人們，那個拯救黎民於水火之中，很會治水，治到三過家門而不入，最後還因此而成為夏朝開國君王的大禹，今天居然說是一條蟲，這真是太不像話了！

由於顧頡剛的說法過於傷害中華民族的情感，所以連當時的大作家魯迅都忍不住譏諷，按照這種邏輯，「顧」字从雇从頁，而《說文》言「雇」是一種鳥，「頁」是指人的頭部，那顧頡剛不就剛好是鳥頭先生嗎？從此以後，「禹」是一條大蟲的說法深入人心，常常被拿來當笑話談論。然而，顧頡剛真的錯了嗎？

從現在所見的古文字資料來看，「禹」字最早見於金文，都是用來當人名，從「」構形上看，確實還頗像一條蟲蟲，而我們今天寫的「禹」字，只不過是把蟲身上的橫筆，再向下拖長，變成「」形，所以說，顧頡剛的說法也不能完全說是錯誤。

即使從文字構形上來看「禹」確實是蟲形，好像也不能因此說大禹就是一條蟲，如果是這樣，難道武公的手下勇將「禹」也是一條蟲嗎？大家介意的還是顧頡剛瓦解了古代偉人形象。但他之所以這麼說，主要還是想區隔歷史和傳說的不同，顧頡剛認為大禹治水是個傳說，在後人口中流轉建立的，而不是真正的歷史，

更與夏朝的開國沒有絕對關係。那麼大家可能就想問，都已經二十一世紀了，甲骨、金文出土那麼多，難道都沒有大禹的記載嗎？

很遺憾的是，甲骨文不僅沒有出現「禹」這個字，連夏朝的痕跡也介於「有與沒有之間」。青銅器銘文雖然有很多名為「禹」的人，但偏偏都不是咱們治水的神王大禹。反而是北京保利博物館收藏的一件西周青銅器〈燹公盨〉開頭第一句就說「天命禹敷土」，可見在當時已經出現大禹治水的傳說，而且大禹似乎還是個有神性的人呢！除此之外，戰國時代的出土文獻也有很多關於大禹的記載，因此我們可以說，顧頡剛直接根據《說文》把禹看成一條蟲的推論，雖然驚世駭俗，也忽略了文字構形和歷史傳說間的複雜關係。不過，勇於質疑、思考文獻記載的精神，終究是很值得我們學習的典範。

16 真人版大富翁
竟玩出國安危機？

大富翁是許多人的童年回憶，玩家購地蓋房，收過路費，最終讓其他玩家破產出局。買地，然後用各種手段搶別人的地，就能獲得勝利。有土斯有財，可說是這遊戲帶給我們最大的啟示。這麼現代風味的遊戲，其實在西周時期也曾發生過真人實境版本，甚至玩到變成動搖國本的大危機。

要在西周時代玩大富翁，前提是土地可以私有、交易。以前有些人抱著一種「溥天之下，莫非王土」的迷思，認為周朝沒有私有土地，更不存在買賣交換。這些意見固守著戰國時代流行的井田制說法，認為周人土地就像豆腐一樣切好，中間一塊公家的，旁邊八塊私人的，萬世不能買賣。試想一下，這一點也不現實。首先，現實中的土地很難有絕對方正的。其次，如果每塊都要井字劃分，那得要多少地政官僚來做呢？而更致命的是，隨著幾件裘衛家族青銅器出土，銘文中就有買賣土地的記載，於是周代土地國有說基本上已經破產了。

說回土地私有，自小小的國家——「周」在東方打下大大的疆土，並將上面舊有的殷人勢力一一掃除，換上自己的人馬，經過幾代對有功之人的賜土賜田，已經給國家埋下不少隱患。

西周國家的隱患要從故宮所藏青銅三神器——〈毛公鼎〉、〈散氏盤〉、〈宗周鐘〉——中的〈散氏盤〉說起。〈毛公鼎〉、〈宗周鐘〉都是紀念功勳所做的銅器，惟獨〈散氏盤〉是一張判決書。〈散氏盤〉內容記載散氏與夨氏如何給因土地產生的械鬥善後，因為夨氏理虧，最後把土地割讓給了散氏。銘文中對土地邊界的記錄鉅細靡遺，東西南北到誰家土地都說得很清楚，雙方都派出履勘田界的見證人，姓名也一一列上，無疑給人一種「別給我事後不認帳耍賴」的感覺。當然，周人在青銅器上寫字的用意也正是「銅器恆久遠，一件永流傳」。

這份田界議定書正本，應該是藏在周王室的官府裡的，但是再怎麼精心保存竹簡，韋編總也有三絕的一天，更不用說萬一對方獨攬大權後很有可能加以竄改。為防各種無賴行徑，鑄勒金石，萬世長存，就成了當時的最佳解。事實也證明，經過三千年滄海桑田，原先的土地沉入地層，散氏和夨氏都已煙消雲散，惟有記錄判決的〈散氏盤〉長存世間。

〈散氏盤〉記載的土地邊界非常詳細，散氏土地四周緊密接壤其他家族的土地，這也給人一種印象——擠！正因為資源緊缺，人才會爭，夨氏才會去侵犯散氏的土地。西周中期，承平日久，土地資源開始緊縮，這就像大富翁遊戲進入中局，各個玩家的土地犬牙交錯，同一地段的土地有你有我。為了讓自身利益最大化，爭奪勢在必行。

西周晚期的〈琱生簋〉記載，老牌貴族召氏有感自家土地常常與人纏訟不已，搞得召氏家族心很累，決定要處分有爭議的財產。既然有訴訟，就有贏家跟輸家，上頭有人的那方往往能取得勝利，順利兼併他人土地。長期下來，土地兼併的現象就會變得非常嚴重，大家族擁有莊園千頃、佃農無數、私軍百乘，武力甚至強過王朝正規軍。輸的那方，即使過去權傾朝野，也只能任由田產被豆剖瓜分。

無論是訴訟或政爭，有一個人都不會是贏家，甚至恐成最大輸家。這個人是誰呢？那就是周天子。他就像是大富翁遊戲中空白地的所有者，貴族玩家拿著功勞跟他換地，然後跟其他貴族鬥爭，聽起來很美好，但我們都知道，大富翁遊戲末期的空白地塊就跟日本的壓縮機一樣稀少。

周天子也是一樣，經過父祖數代的恩賞，後來的周王能封的土地越來越少。西周晚期的〈大克鼎〉，鑄造者「克」受天子賞賜的土地是七塊分散不同地方的田地，甚至還有一塊土地是其他家族倒台後收回。類似大富翁中某玩家破產，分散在各地段的土地收歸公有的狀況。

而在各玩家內部，也形成了這樣的分封體系。榮氏家族分給他的家臣「卯」四塊不同地方的田地。某個大貴族承包了抵抗西北蠻族入侵的任務，然後轉發包給他的家臣「不其」。「不其」不負上司所託，立下赫赫戰功，最後被上司賞了一套弓箭、五家僕人、十塊田。另一位叫「敔」（音同羽）的家臣，隸屬於大貴族武公，同樣也被轉發包抵抗東南方的淮夷，獲得大勝，被賞賜五十田。這些相當於玩家的大貴族坐擁龐大的資產，甚至形成了自己的小朝廷與私兵。「敔」受王命討伐南方的淮夷，戰勝後竟然先稟告武公而非天子，還把戰利品「付于厥君」，也就是把戰利品交給他的上司。

恩庇、鬥爭、兼併……王朝內部的土地愈趨混亂，基本生存的田產集中少數私人手中，他們又運用私產帶來的宗族力量保衛並獲取更多的私產。此一困境一旦開始就陷入惡性循環，因為天子的資源與人力日益縮水，就更無力發動大規模戰爭獲取土地來封賞。新的土地不來，公卿子弟又企盼獲取采邑土田，掏空祖產之後，除了一個天子的名分外，就什麼也沒有了。

擺在無力獲取土地的天子眼前只有兩條路——等死或對貴族私產進行反擊。周天子也不是個個都傻瓜，也有人嘗試想反抗，但是他失敗了，而且還被寫得非常難聽，這個人就是本書第十四章介紹的周厲王。

回顧周朝真人版大富翁的歷史，正是放任私有財產爭奪兼併的過程，與後世中國歷史王朝的狀況相似，他們能迎來的只有滅亡。中央政府力量衰微，貧者無立錐之地，隨後大廈傾頹，蛀蝕國家的地主被暴力清洗，國家重開機，土地重分配，再次進入以權力謀保私產的新輪迴。

漢字文化專欄

土地兼併、貧富不均、特權橫行是施行私有財產制國家都要面臨的問題。漢字跟人類一樣，也有兼併的現象。比如說「鷄」與「鳳」現在字形裡都有個「鳥」，但在甲骨文是寫成「」、「」，都在文字上表現雞冠、鳳羽特色。由於加入了聲符，雞冠、鳳羽就沒必要再特別標示，漸漸被一般的鳥形給兼併，完成了從象形到形聲的演化過程。此外，像「」是甲骨文的「豹」，本來是畫著圈圈斑紋的大貓，最終被「豸」兼併加上了「勺」聲。以「豸」為意符的一系列動物如：貓、貍、貉、貂等字，都是形態不同的動物，也都像「豹」字一樣被「豸」統一並轉化為形聲字。

除了動物之外，一些工具類的漢字偏旁也被兼併成「攴」或「殳」。說到底，「攴」或「殳」只是表敲擊的動作，由於其通用性，一些本有專屬工具或其執行動作都被「攴」或「殳」兼併掉。像除草的「芟」，本來寫成「」，中間的

方形工具就是除草農具，最後被「殳」所取代。畜牧的「牧」，本來寫成「」，左邊是像彎曲的鞭子形，因為形體跟通用且常見的「攴」很像，同樣難逃被「攴」兼併的命運。

說到「牧」字，除了「攴」是兼併後的產物，「牛」也是經歷一番亂鬥後才確立的。甲骨文的「牧」，很多時候會寫成「𢻱」。畢竟養牛算牧，難道養羊就不算了？羊除了在「牧」字上與牛競爭，同時也在「牢」字上競爭而產生了「𡧱」。結果一如我們所知，牛在這兩個字上取得最終的勝利。

除了牛、羊，還有一個戰場連「鹿」、「豬」都捲了進來。這個戰場就是「陷」字，在甲骨文中有「」（陷豬）、「」（陷羊）、「」（陷麋鹿）、「」（陷牛）各種形體，主要表現的是動物陷在凹坑裡的樣子。你以為牛又會再次獲勝？不，動物全部出局，由「」（陷人）取得最終勝利。這也是現在「陷」字右邊「臽」上面為什麼會有個像「ㄅ」的東西，其實那是「人」的變形，下面的「臼」是陷阱的象形變化。

用動物毛皮做成的皮裘，也受這波漢字兼併浪潮的影響。甲骨文的裘本來寫成「」，是在「衣」外邊多加好幾根毛，表示這種衣服是多毛的「裘」。可

是正如前面說的「鷄」、「鳳」一樣，這多毛的字體最終被普通的「衣」給取代，好幾根毛換成了聲符「求」。

為什麼會有這種現象呢？回想一下，當你跟別人介紹姓氏時，例如「黃」，可以說黃色的黃，但更多的是「艸頭黃」（就甲骨文而言是大肚黃才對）。或是「謝」，可以說「謝謝」的謝，也可以說「言身寸」的謝。如果「裘」、「芰」、「鷄」、「鳳」這些字還保留原始象形，就不容易用拆字說明。

而且在先秦時期，複音節詞（兩個字以上的詞）並不發達，「黃色的黃」、「謝謝的謝」這招就很難用。《論語》、《孟子》裡的文言文，大多都是一個字一個詞，像「學習」並「時常」「複習」之，在《論語》就成了「學而時習之」。

在複音節詞還沒有大行其道的先秦時期，如果不將原本難以用言語準確表述的象形字，如「裘」、「芰」、「鷄」、「鳳」轉化為形聲字，在學習與傳播上就會有障礙。想像一下，當你旁邊的同事、同學問你「鷄」怎麼寫，你卻只能說「畫一隻鷄」，這樣有說和沒說一樣。如果變成形聲字，就可以說溪水的「溪」去掉「水」加上「隹」。再不濟事，還可以再拆成「爪」、「幺」、「大」、「隹」四個部分，這就是漢字走向通用零件帶來的認知優勢。進入戰國時代，一些古老

的象形字與偏旁都被兼併掉，最終形成了以形符加上聲符為主流的漢字世界。

理查・道金斯（Clinton Richard Dawkins）在他知名著作《自私的基因》中提出了「迷因」（meme）的概念。除了善於複製自己的有機體容易傳播外，善於複製自己的「概念」也很容易傳播。與此相似，漢字在早期經歷那些兼併與演化，適應了古人用字、認字的習慣與心理，在戰國時期產生各種形體，好認的字被留下，難學的字因為傳播效果差被淘汰（不過也有貴族出於美感因素而把字弄得更難寫的狀況），漢字也就奠定了現今所見的基本架構。

17 最後的疼愛是手放開

我們前面把西周的封建制度描述成慢性自殺的制度，但我們也要知道，任何制度如果都不加以調整改變，最終都將同樣走到慢性自殺的路子上。一個時代有一個時代的制度，時代改變了，制度也就失去運轉的力量。畢竟聖人也是人，預見五十年發展或許有可能，要想從文王、武王、成王、康王、昭王、穆王一路預測到西周中期，然後設計出跨度百年都可以適用的完美制度，幾乎是不可能的任務。

制度運轉失靈，或多或少會有人出聲警告或者是直接修正它。周厲王可能是一位嘗試改革的國王，但無論是改革或是保住權力，他最終都是失敗的。雖然改革遇到了挫折，並不代表國家就完了。在厲王之子宣王在位的時候，王朝的力量還是頗為強大。前面提到過武公的家臣個個能征善戰，為王朝擊退東南與西北的邊患，可見周王朝仍然有一定的力量可以抵抗外侮。

除了武公有能征善戰的軍隊外，在山西出土的晉侯〈穌編鐘〉更記載下這個遲暮王朝最後的輝煌。當時的周天子從位於陝西的首都鎬京奔赴位於河南的東都成周（洛陽），並從北方召喚強大的王室諸侯——晉國，讓他對東方的蠻夷發動進攻，最後獲得大勝。

就在周王國在東方高歌猛進的時候，自家後院卻忽然失火了。不知道什麼時候，原本平靜的陝西老家的西北邊，竟然冒出了一批叫「玁狁」的異族。由於資料的缺乏，我們不清楚「玁狁」何時出現在周王國首都的附近，也很難釐清他們相當於當時或後世的哪支民族。總之，他們，來了。

西漢著名的思想家、文學家賈誼的〈過秦論〉說過：「秦孝公據殽函之固，擁雍州之地，君臣固守，以窺周室。」關中盆地四面環山，在秦人之前，周人同樣在此地背靠著岐山發育成長，以窺商朝天下。

但是「玁狁」的出現打亂上述的政治格局，看似安全的群山地區竟成了惡魔出沒的基地。在武公的部將「多友」所鑄的銅鼎銘文中，就清楚記錄了玁狁入侵有多麼可怕。兩個周王國首都北邊的區域被玁狁攻陷，大批人民被俘虜。接獲緊急軍報的天子大感震怒，責令武公讓多友奉命抗擊玁狁，他只花了六天就從首都趕到第一個戰場，然後在數日內奔赴幾個玁狁出沒地區作戰。從銘文上看來，周王國的力量依舊強大，打得玁狁不要不要的，但只要細想一下，我們便可以體會這個危機到底有多可怕。

首先，玁狁已經入侵到距離首都鎬京不到十日路程的距離，只要玁狁夠強大，他們可以在十天內將繁華的周人首都化為灰燼，而後來他們也真的做到了。這種感覺類似於韓國的首爾，隨時暴露在朝鮮的一日攻擊圈內。

儘管玁狁逼近到家門口，但他們並非不可戰勝的神話。晚期除了名將多友外，還有皇親國戚「虢季子白」抗擊玁狁。他戰勝玁狁後，鑄造了比澡盆還大的銅盤，用來紀念軍功，實在是霸氣貴公子啊！

既然屢有抗玁狁大將出手相救，為什麼西周還會滅亡呢？除了封建制度本身的缺陷外，王朝內部的問題也是非常嚴重。我們現在很難從資料中看出西周最後發生的政治危機具體是什麼事件，但在《詩經》中的幾首諷刺詩中可以看到形勢已經不容樂觀。

詩中先提到日食、地震、閃電風暴等等異常自然現象，又說當時一位叫「皇父」的大貴族竟自己帶著重臣搬去東方辦公。詩人指責他不願留下可靠的人才保衛天子，卻也說當時政治風氣敗壞惡劣，讒言滿天飛，皇父想遠離骯髒的政治環境也是情有可原。

學者推測，周幽王時經歷了一場重要的權力改組，宣王時代的老臣被趕走，拔擢了一批幽王信任的貴族。王朝內部風雨飄搖，動盪不安，古書記載周幽王二年發生大地震，當時有識之士已經能預見即將到來的末日，嚷嚷著天地之氣大暴走，是上天拋棄周人的象徵，周王國這是要完了啊！

另一個看風向也想跳船的傢伙，是鄭國的開國之君鄭桓公。他是晚期重要的王室近親，相當於親王等級的權貴。但就連這樣親王等級的大人物，在那個末日氛圍下都驚恐地說出：「最近王室壞事接二連三地來，我真的很怕被拖下水，不想跟著這國家一起死，該怎麼辦？」

掌管過去一切歷史記憶的史官，是古代智慧的結晶，也是鑑往知來的先知，他對鄭桓公說：「我們的王室即將衰微，戎狄將會強大起來，東都地區異族與強國都太多，唯一能讓你獲救的應許之地就是今日的河南省東部一帶。那裡弱小國家多，強國君主又傲慢輕狂，容易對付。去吧！帶上愛戴你的人民，那是上天許給你的流著奶與蜜之地！」

鄭桓公又問：「南方地廣人稀，去不得嗎？」

史官說：「那裡有個熊氏家族（就是後來狂得不可一世的八百年大楚國），他們受了天啟，君主心智清明，後世必將昌盛，別去。現在的周天子拋棄了清明的心智，愛聽卑鄙的讒言；任用虢石父這樣只會對上司獻媚的奸人，寵愛妖豔美妾與搞笑藝人。只要申國勾結西戎進犯，周朝絕對活不過三年！」

天災、外患與內憂，幽王的天下就像還能走動的癌末病患，拖著命還以為自己沒事，不僅醫生放棄治療，王朝的看護也紛紛求去。周王朝沒有戲劇性的殞落，有的只有殘酷的死亡倒數。玁狁也許很強大，但當強大的集團在對抗時，不是比誰更強，而經常比的是誰更爛。晚期幽王種種自取滅亡的作為，顯然先爛掉的是周幽王這方。周朝大臣拋下爛老闆大舉東逃，雖然有點不講道義，坐視危亡，但也可以說是他們在東方保存了王朝的餘命。

史書上常把國家的滅亡寫得很戲劇化。商紂王出門伐東夷，一回頭，家沒了。周幽王烽火戲諸侯，一回頭，國亡了。偌大一個國家，竟然這麼脆弱，一下就死翹翹了，這不是很奇怪嗎？在後世史學家抽絲剝繭的研究中，很多國家的滅亡其實在很早之前就有預警了。不是當權者昏庸無能，就是特權階級抵抗改革，使得整套制度再也運轉不下去，讓中央政府最終崩潰滅亡。所幸西周政府最後切割了一部分往東遷，讓這家百年老店以閹割版的形式繼續殘存下去。

那麼漢字中是否也有這種本字被消滅，但以閹割版形式沿用至今的例子呢？有的，而且花樣還不少，有的我們還很常見。

甲骨文中有一個「」字，表示用手拿著木頭在神桌上焚燒問神明的意思，很早就被學者定位到《說文》中的「⿱祟又」字，這是楚國人卜問吉凶的專用字，其實就是我們現在用的「祟」，鬼神招致的災禍叫「作祟」。只是「木」後來寫歪

掉了，左右兩邊四畫上翹變成了「出」。

「𣪊」這個字現在我們已經不用了，但從這個字切割出來的衍生物卻有不少。像是大家都很熟的「奈何」的「奈」，其實就是「𣪊」去掉「又」變形而來的。「⿰木示」字就像西周一樣，本體消亡，殘留物卻很興盛，就像部分周代文化在孔子手中轉化為儒家思想一樣為我們所熟知。

除了「祟」、「奈」之外，「條款」的「款」的左邊，也是這個字的閹割版。「⿰木示」字的後代，幾乎都是常用字。還有更常用，但我們沒有想過為什麼要這樣寫的漢字，那就是「蒜」。以前有部韓劇叫「李祘」，當時各種廣告還特別注音叫「ㄙㄨㄢˋ」。其實這又是一個很搞笑的過程，可以說是閹割的閹割。

事情是這樣的，甲骨文「⿰木示」有寫歪變成「祟」的，也有保留上木下示的「柰」字。古人為了表示「蒜」與「算」，借用了音近的「祟」字。而在借用的過程中，不是借「祟」這個形體，而是借用了「柰」形。為了跟本來與鬼神有關的意思有所區別，就重複寫兩個「柰」，成了左右並列的「柰柰」。接下來就是見證奇蹟的時刻了，由於「木」、「屮」都是植物系偏旁，很常混用，於是我們發揮一下想像力，把「柰柰」上頭的「木」換成「屮」看看。欸，是不是變成「蒜」

了呢？

聰明的你是不是也想到了「祘」怎麼來的呢？

沒錯，既然「蒜」是從「柰柰」變來的，那麼「祘」就應該是從「蒜」切割出來的新字。我們可以說「祘」字是「⿰木祘」的閹割版的閹割版。其實這件事也是近二十年才發現的，在此之前，《說文解字》保留著一個讓人匪夷所思的問題。《說文》說：「蒜，葷菜，从艸祘聲。」既然是以「艸」為意符，以「祘」為聲符，那「祘」又怎麼分析解釋呢？《說文》說：「明視㠯筭（算）之。从二示。」修旦擠勒！兩個示有可能會意出「計算」的意思嗎？太牽強了吧！

今天的我們何其有幸，學者能看到《說文解字》沒看到的甲骨文、金文、戰國竹書文字，從中把過去誤解的漢字發展源流回復原貌。如果沒有這些材料，我們只能順著《說文解字》，將這串字看成：「示示」變成「祘」，「祘」變成「蒜」。而無法得知真相完全相反，是「⿰木祘」省成「柰」，增繁分化為「柰柰」再把木換成艸而變成「蒜」，最後省掉艸頭化身為「祘」（祘）這樣的過程。

最後不得不說，漢字的變化是複雜的，絕對不要輕信坊間看圖說故事的漢字書籍。它們有的不用古漢字材料，憑著楷書就望文生義。也有的會用甲骨文、金文，但也僅只於看圖説故事，而不能根據學界研究分辨古人書寫時各種複雜的變化過程。

早期的漢字是多姿多彩、繁複多變的，不然秦始皇為什麼要「書同文」呢？

所以説，喜歡漢字是好事，但也要冷靜客觀地去認識它，親近它，不要去做假消息的推手，那樣只會害了漢字，讓它被誤解為膚淺的畫圖玩意兒。

18 兩個太陽？一個天子豈能各表！

話說由於周幽王失敗的施政，支持度探底，人心惶惶，大批高層撤資東遷，基層滿是絕望的心情。而壓死駱駝的最後一根稻草是幽王的「換臼」事件，原先呼聲最高的接班人——太子「宜臼」竟突遭撤換，引發內外不滿聲浪。

支持宜臼的外公申侯聞訊震怒，組成自救會，強烈反對周幽王「換臼」，甚至帶著一群犬戎暴民包圍位於宗周的中央總部。據傳周幽王遭暴民拖出去打死，所聚斂的不當黨產也被戎人悉數搬空，赫赫宗周，就此走入歷史。這是我們從史書上知道的西周滅亡紀錄。

但在撰寫於戰國時代的竹簡——清華簡《繫年》記載中，故事有些不同，「換臼」事件起因於周幽王的家庭糾紛。周幽王的元配來自於西申國，生了太子「宜臼」。因是正妻所生，自然被指定為接班人。

然而好景不常，幽王後來寵信二房褒姒，不顧眾人反對，發動了「換臼」行動，撤換了太子宜臼。太子爺宜臼遭逢巨變，痛不欲生，奔回外公家西申國哭訴，指責爸爸欽定二房的小孩伯服接班，已經違背了「立嫡立長」的原則。

周幽王得知兒子離家出走，家醜外揚，怒不可遏，叫上忠於自己的手下包圍申國。申國組成太子自救會，拒絕交出前太子宜臼。但中央下達江湖格殺令，區區地方封國難以對抗天威，於是狗急跳牆，與戎人結盟。

犬戎暴民不屬華夏，不管你是周天子、同天子還是冏天子，有打、砸、搶的機會便一擁而上。失去民心支持的周幽王不是暴民的對手，完全潰敗，宗周淪陷，三百年基業化為灰燼。這兩種記載的不同在於申國是否出於自衛反擊。

此外，在《史記·周本紀》的記載中，更將這次暴動的原因全推給了褒姒。不僅醜化褒姒為上古神龍的口水，還說這坨龍的口水從夏代保存到周代，直到有人拿出來觀賞，在庭院裡打翻，卻收不回去。於是幽王阿公周厲王叫出一票裸女嚇唬這坨陳年龍涎，龍涎於是化身為大鱉逃走，撞上了宮廷裡的少女，躲進她的肚子，使其懷孕。少女無緣無故懷孕，大為驚嚇，生了小孩就丟了，歷經許多波折，最後在褒國被收養。這個陳年龍涎化身的小孩，後來就成了幽王的二房褒姒。

《史記》作者司馬遷醜化褒姒不只這樁，他還抄了《呂氏春秋》的褒姒戲諸侯的故事。在《呂氏春秋》中，因為褒姒不愛笑，周幽王想方設法地想逗她笑，便通知各地說中央被圍攻。頭一兩次各地諸侯來了，卻發現根本沒有危險。褒姒看到各地諸侯瞎忙的樣子，竟然捧腹大笑起來，旁邊的周幽王也因美人開懷放肆地笑了。後來褒姒玩假警報上癮，鬧了好幾次，大家便乾脆假裝沒看見警報。等到犬戎暴民真的圍攻中央時，地方諸侯根本不予理會，坐視幽王垮台滅亡。

這段褒姒的荒唐事跡，最先是由戰國富豪呂不韋主編的《呂氏春秋》中記錄。在呂編版中，周幽王與褒姒是鳴鼓報警。《史記》抄了過去，改成了較有秦漢風味的舉烽火狼煙報警。雖然方法不同，但明顯就是要黑化褒姒，聖人所建立的周朝怎麼會教出個昏君呢？一定是褒姒帶壞他。至於《繫年》，沒有這層包袱，直言幽王要攻打申國，申國被逼急了才勾結犬戎實現反殺，任性妄為而導致滅亡的是幽王本人，而非褒姒。

隨著「換臼」、「滅國」事件的落幕，兩個太陽的問題逐漸浮現。百足之蟲，死而不僵，中央雖瓦解，但各地方百里侯實力仍在。據《繫年》記載，虢國諸侯「虢公翰」率先召開記者會，牽著幽王的弟弟「余臣」的手，在大眾面前宣布「余臣」成為新的天子，稱為周攜惠王。

另一方面，自救會會長申侯發現犬戎暴民已然不可控制，竟然賴在宗周不走，只好在自家申國重組中央政府，主張自己的外孫宜臼為新的天子。

兩個中央政府爭執多年，都自稱天子，申國擁立周平王宜臼，虢公則支持周攜惠王余臣，侄叔相爭，形成兩個太陽奇景。

因為當時宗周被搬空，周王國陷入群龍無首的狀況，相關訊息混亂不堪，說法非常多。在《繫年》版本中，多年後比較強大的晉國帶著一票人馬查封了周攜惠王設在虢國的總部，重申了一個周天子的原則，嚴斥一周各表的說法，正式終結了兩個太陽的奇怪局面。晉文侯迎接宜臼為王，將中央政府遷到了成周地區。

然而因非余臣不投與非宜臼不投的兩派長期對立、分裂，再加上周幽王那低得可憐的民意支持度，周天子的權威盡失，地方諸侯自行其是，沒有半個願意來中央繳納黨費。即使是有晉國支撐的周天子，也沒辦法讓地方派系忠誠，徹底喪失了領導權威。

《詩經．小雅．正月》：「赫赫宗周，褒姒滅之。」說實在話，一個偌大的王朝，哪裡是一個婦人能滅亡的呢？回顧一連串事件的起因，不在「換臼」，更無關褒姒，而在發不起黨產。據學者研究，周天子之所以會失去權威，是因為制度出了問題。根據幾件銅器銘文顯示，在西周晚期，天子要將黨產頒發給有功人士時，已經賞不了完整的土地了，只能找好幾塊分散的畸零地送人。

周王國在建國初期，實行了封建制度，也就是拿黨產換手下的忠誠。起初還可以開疆拓土，在各地創黨部、分黨產，然而國土終究有其擴張的極限，不可能無限量供應。賞給前朝勳貴、世家大族的土地越來越多，中央的土地越來越少，這個慢性自殺螺旋終於拖垮了整個國家。也許「換臼」事件是壓倒駱駝的最後一根稻草，但若非這隻駱駝已經餓到皮包骨，也不會落得如此下場。

隨著殘餘黨產被戎人劫掠一空，天下熙熙皆為利去，當然不會聽從中央的指令。沒有黨產的中央，請不起黨工，毫無實力，被地方諸侯看破手腳。而這樁兩個太陽事件，更是讓中央的名聲瀕臨破產邊緣。無怪乎《繫年》要為此下個結語：「邦君、諸侯焉始不朝于周。」（地方諸侯開始不把中央當回事了。）

漢字文化專欄

烽火戲諸侯的故事可說是家喻戶曉，但可信度十分堪慮。著名史學家錢穆就說這是街邊八卦假新聞，就算西周有烽火好了，難道山西的晉國能跟山東的魯國一齊來，肯定是先後來的，晉國發現被耍，回頭路上不會告訴魯國嗎？就算真的一同前來，難道到了首都就馬上開傳送門回家？不可能，一定會住在鎬京城下休息一晚再走。這一晚上，恐怕幽王跟褒姒的宮門都要被疑惑的諸侯敲破了，一波波接見臣子，到底有什麼可笑的地方？更不用說舉烽火這事，是在漢代才出現，周代沒有使用烽火的紀錄。

雖然烽火戲諸侯的故事是假的，不過當事人褒姒可能是真實存在的人物。根據清華大學所收藏的戰國時代竹簡——清華簡中的材料，周幽王的故事裡面就有褒姒，寫成「孚怡」。孚跟褒古音是極為接近的。怡右邊的「台」，其實是所以的「以」。以、台二字本都寫作「」，象一個人提著東西的樣子。在甲骨文中，

就很常表示「拿著什麼東西來」的意思，拿著東西肯定要用來做什麼，所以也有「用來做什麼」的意思。

「」到了漢代，字漸漸壓扁，被拆成東西跟人兩個部件，寫作「」。另一方面，有些古人寫「以」會把人字邊省掉，只留下所提的東西「」。到了東周時期，加了個口，寫成「」，這就越來越像現在的「台」字了。而在東周金文中，這個像台的「」字，用法跟「以」是一樣的，如〈王孫遺者鐘〉「用宴台（以）喜」，意思是說這鐘「用來開趴、用來黑皮」。

「台」字我們現在都唸「臺」，有些人認為是因為「台」與「臺」構成了俗體與正體的關係，兩者在聲音上沒有關係。其實不然，實際上用台作為聲符的字，也有「胎」、「怠」、「殆」等字，現代音都接近「臺」。「胎」這個字古代反切注音是「土來切」，很明顯聲母唸土，韻母唸來，顯然與「臺」是接近的。「台」與「臺」兩者並非純然正、俗體的關係，其實古音也是接近的。所以一個唸「以」，一個唸「臺」，主要還是因為古今音變的關係。

著名的聲韻學家曾運乾考證過，古代「以」這個聲母唸起來跟「定」差不多，只是「以」的「ㄉ」跟「ㄊ」後來消失了。比較有名的例子就是「余」跟「途」、

「茶」、「塗」等字的關係，聲符的「余」沒有聲母，用「余」做聲母的其他字都有聲母「ㄊ」，就是聲符的「ㄊ」消失了，但是以「余」為聲符的其他字還保留著。這邊為求通俗，說得比較簡略，請專業讀者見諒。最後，儘管知道了源流，大家也不要去故意唸什麼「以灣」、「上以」、「所台」或「自古台來」喔！

19 女力天下——周王朝的關鍵少數

人的心中。

「後宮不得干政」，相信這句話大家並不陌生。不僅在古裝劇常見，之前打算參選總統的某財團大亨，因為老婆不高興而離家出走，竟也對著媒體說出這樣恐怖的話。可見，即使在女性領導人早已不足為奇的二十一世紀，「女性不得干政」的觀念，居然還深植在某些人的心中。

為什麼會這樣？大概跟《尚書》「牝雞無晨，牝雞之晨，惟家之索」有關，這句話是周武王伐商紂時，諷刺商紂寵愛妲己，任憑妲己介入朝廷事務，就好像那個早晨會報曉的母雞，最後導致殷商的覆滅。這樣的觀念簡直害慘了千千萬萬後來對政治有興趣的女性，不僅讓許多幹才無端遭攻擊，更讓人對女性從政充滿負面印象。

事實上，「後宮不得干政」或許是一個被史籍誤導的觀念，因為從出土文物來看，商周時期可是有幾位女性在政壇扮演著關鍵少數，發揮溫柔而堅定的力量。

說起商周時期的女性，大家比較容易想到的大概是商王武丁的皇后——婦好。她不僅是一位受到丈夫寵愛的妃子，更活躍在商代的戰場上。從甲骨卜辭裡，可以看到她與商代名將並肩作戰的紀錄，也可以看到武丁對她生產情況的關心，不僅如此，婦好墓裡陪葬用的青銅器也是精美絕倫，令後人大開眼界。這樣一位「出得戰場，入得廚房」的優秀女性，但凡讀過她事跡的人都難以忘懷。

比較可惜的是，婦好的時代還不流行把事跡鑄勒在青銅器上，因此，婦好的青銅器沒有什麼銘文，往往只有標誌「婦好」二字的族徽。那麼，倘若我們將歷史眼光向後移一點，兩周時期有沒有像婦好這樣引人注目的女性呢？

西周早期有一位特殊女性——王姜，她經常出現在銘文，廣泛地參與國家事務。根據她的稱名結構，可以知道是一位嫁給周王的姜姓女子，至於她是嫁給哪一位周王？學者將出現「王姜」一詞的青銅器加以排列，發現她大概活躍於康、昭兩個王世，因此有人認為王姜應該是周康王的妻子。

從一些銘文的內容，可以知道王姜擁有不少參與政治活動的權力。例如，她可以自由地賞賜禮物給他人。在〈旟鼎〉裡器主得到了王姜賞賜的三畝田，〈不壽鼎〉的器主則獲得王姜賞賜的皮裘，〈小臣伯鼎〉的器主獲得珍貴的貝殼。若只從這幾個例子來看，是不是覺得王姜跟電視劇裡那些皇后妃子沒什麼兩樣，只不過是打賞下人，看不出有什麼特別了不起的地方。若是這樣想，那可就大錯特錯，王姜的打賞有時可是超乎想像的大手筆。

〈作冊矢令簋〉就記錄了一段驚人的打賞內容。王姜某天宴請了擔任作冊一職的矢令，吃飽喝足後，王姜心情很好，便賞了矢令珍貴的貝十朋（朋，古代貝殼單位）、包衣奴才十家、普通下人一百人。這樣數量龐大的禮物，不僅展現了王姜的國母氣勢，更讓作冊矢令樂得趕緊鑄造青銅器跟祖宗報告。當然，王姜不是沒事就給下人打賞，銘文開頭有著微妙的一句話：「唯王于伐楚伯。」這表示王姜這次打賞作冊夨令，大概是跟周天子討伐楚伯一事有關，或許是夨令在戰爭中有功，王姜才如此大手筆賜下禮物。

這點可能和許多人過往的認知不同，養在後宮的皇后妃子不是最好別過問前朝政事嗎？周人顯然不這麼想，因為王姜非但沒有遇到這種限制，還能交付人事問題。像是她在〈叔簋〉中，就派遣器主「叔」去當「大保」的屬下。也曾在〈作冊睘卣〉（睘，音同瓊）派作冊睘帶著禮物去安撫外族首領。這些紀錄都說明王姜除了可以協助周王賞賜有功之人，甚至也分攤部分的政治、外交事務。可惜的是，史冊裡沒有關於周王后妃的記載，我們很難釐清她們參與政治的界線到哪裡。比如西周晚期有位名為「蔡」的大臣，他被周王任命負責執行王后姜氏的命令，可見王后還有發布命令的權限。

儘管比起婦好直接上戰場殺敵，周王后妃參與的方式顯得「軟性」許多，不過她們仍是金文世界裡相當特別的一抹身姿，畢竟在商周時期能夠參與政治的女性，終究不那麼尋常。

再將時間稍稍往後推移，西周末年到春秋早期也有一位女性現身在銘文之間，那就是「晉姜」。晉姜是嫁給晉國國君的一位姜姓女子，她為自己鑄造了一件青銅鼎，並用一篇長達一百二十一個字的銘文寫下對自己的政治期許。

這是一段晉姜的自述，她繼承婆婆治理晉國的職責，決心要用勤懇慎重的心情，輔佐晉國國君，以發揚晉文侯遺留下來的光烈。銘文後半段罕見地提到一場戰役，晉姜強調自己用來做青銅鼎的「吉金」，正是遠征繁陽之地時取得的良好青銅資源。我們當然不會天真地以為晉姜親自率領軍隊遠征，不過她必然與這場戰役的發動及過程有著密切關係，至少在晉國國君下令征繁陽之前，很有可能參考了晉姜的意見。換句話說，晉姜對當時的晉國而言，不是直接也肯定是位間接的執政者。

晉姜這個特殊身分，使她在銘文詞彙的使用上和其他銘文並無二致。像是文末的嘏辭（嘏音古）顯示，晉姜祈求自己能夠「綽綰眉壽」，但「綽綰」多半是西周男性貴族祈盼自己青春永駐的用詞。她還提到希望可以「作疐為亟」、「畯保其孫子」、「三壽是利」，就是期許自己成為後代子孫的榜樣，永保長存，甚至能夠對社會老壽之人有所幫助。雖然那個時代的銘文多半都有固定格式和套語，晉姜可能也只是沿用了當時流行的詞彙，但我們仍能清楚看到她對自己的政治期許，完全不亞於那些男性執政者。

看到這裡，是不是發現古代有趣的另一面呢！不過需要澄清的是，本篇所介紹的三位商周女性，都是因為有著較特殊的身分與際遇，才得到參與政治的機會，並不代表商周時代女性地位就比較高或是比較受到尊重。事實上，還有更多陪嫁用的青銅器告訴我們，那個時代的貴族女性往往是政治婚姻底下的犧牲品，是父兄用來換取前途或是交換利益的工具人，並沒有權利決定自己的命運。因此，當我們看見關鍵少數的特殊故事時，除了讚美她們的才華與表現外，也不要忘記還有廣大而無聲的女性群體負重前行，一同推動著歷史巨輪，為每個時代創造出不一樣的風貌。

漢字文化專欄

本次所談的女性雖然較有機會揮灑才能，但她們共同的身分都是君王的妃子。接著，我們就來聊聊「妃」這個字，它原本是什麼意思，又是從什麼時候開始，我們稱君王的妻子為「妃」呢？

事實上，在古文字的世界裡有沒有「妃」這個字還是個謎。殷墟甲骨文中有一個「如」字，從造形來看，很像一男一女，在文義中表示「一對人牲」，由此引申出匹配、配偶的意義，似乎是很合理的，因此這個字很有可能就是「妃」的古字，不過意義卻跟女性配偶無關。

至於在殷墟甲骨文和西周金文之中，表示配偶、匹配意思的字，倒是很明確使用「配」字，而古書裡的「妃」、「配」因為意思、聲音都很接近，往往是可以通用的，因此我們先談談古文字的「配」又是長怎樣呢？

「配」在殷墟甲骨文裡面寫成「」。簡單來說，就是一個人跪在酒罈面

前的樣子，在金文中用作匹配的意思，除了可以表示自己要「用配皇天」之外，也可以表示配偶，因此有「元配」一詞。但這樣一個由人和酒罈組成的會意字，為什麼會產生匹配的意思？難道是要表示酒是人類最好的朋友嗎？感覺嗜酒的商朝人真的會這樣想。總之，「配」字為什麼長這樣，目前還沒有很明確的答案，有些學者認為可能是從伴飲、伴食的意義發展而來，但也有學者認為跟釀酒調配有關。

由於無論哪一種說法，好像都還是很難讓人聯想酒跟匹配的關係，於是便有人在戰國時代的楚簡文字中，找到了這麼一個字「」。這個字對應古書的「配」，因此專家認為，大概是西周時期用有「酉」旁的「配」字來表示配偶、匹配的意思實在太奇怪了，因此創造這個由「人」字旁組成的字來表示人類的配偶。以此類推，這個「女」字旁的「妃」字，又專門對應「女性配偶」的意思，大概是到比較晚的時期才出現的。

看到這裡，是不是感覺「妃」字跟古代妃子一樣命運多舛？如同很多妃子自從被選入皇宮，便開始過著軀殼跟靈魂分離的日子。只能期盼某一天，自己也能像婦好、王姜、晉姜那樣，遇到疼愛與賞識自己才華的丈夫，讓人生也能翻開新的一頁。

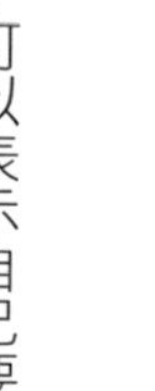

20 兄「友」弟「攻」

魯隱公倒在地上，看著從身上流出的鮮血，緩緩地漫成一灘血泊。他作夢也沒有想到，那刺客竟是弟弟桓公派來的。不，準確地說，應該是羽父那該死的小人派來的，而弟弟只是被他蠱惑了。是的，弟弟怎麼可能有殺他的念頭，畢竟他可是打算等那春暖花開之時，讓位予他的呀……

這是春秋時代相當著名的一段兄弟故事。魯隱公，這位《春秋左傳》的開卷之君，雖然貴為魯國君主，但出身不算顯赫，身世也頗為坎坷，下場更是悽慘。

根據《左傳》記載，隱公的父親魯惠公，本來有位元配妻子——孟子。這裡可不是指孟軻先生，古代有時會用「排行＋姓」的結構稱呼女性，所以「孟子」就是子姓宋國的大公主。可惜她紅顏薄命，還沒誕下公子便撒手歸西，因此只好讓孟子的陪嫁小妾聲子擔任繼室，而魯隱公正是這位小妾所生的公子。

按照春秋時代的規矩，主君的女兒出嫁時都會找姊妹或是同族女性來當媵（音同硬）妾，也就是今天講的陪嫁。而這陪嫁是貨真價實地陪著姊姊嫁過去，就像之前熱播的大陸劇《羋月傳》，女主角羋月，也是擔任姊姊羋姝的媵妾，兩人一同嫁給了秦惠文王，而這種吃姊妹丼的故事，在春秋戰國十分常見。不過，並非所有媵妾都像羋月如此幸運，有機會靠著實力上位，與國君夫人一較高下。像聲子這種出身卑微的繼室，即便生下公子，也不會有母憑子貴這種事，多半都是幽居後宮，一輩子無法翻身。

雪上加霜的是，後來惠公又娶了宋國國君的二女兒仲子當正室，而且誕下新的公子桓公，這讓聲子母子更不受待見。雖說這種庶長嫡幼的情形，對於接班梯隊的培養有些不利，但也不算太罕見的事情，倘若魯惠公能好好活到兩兄弟長大成人，看看誰的能力較適合成為國君，再指定接班人，那對魯國日後發展倒也影響不大。可是偏偏惠公在桓公出生不久後就撒手歸西了，這讓魯國群臣大為煩惱，究竟該讓年紀較長但庶出的哥哥隱公即位，還是讓嫡傳但年幼的弟弟桓公即位。

這件事情必須謹慎以對，畢竟西周時期就是周幽王想廢掉太子宜臼，改立庶子，才引來王朝覆滅的危機。可是眼前魯國所遇到的困難，卻是嫡子桓公實在太過幼小，恐怕沒辦法帶領這個國家往前走，而庶長隱公出身實在難看，沒有鎮住貴族老臣的氣勢。幸好，在看似絕望的時候，魯國群臣從輝煌的國家歷史中忽然找到一線生機，他們想到了魯國建國之君——周公曾經創造的美好傳統，也就是傳說中的「攝政」呀！

作為魯國光輝的子民，這個接班問題可以比照當年周王朝建立初期的方案，也就是由年長的叔叔周公先幫年幼成王攝政，再歸還政權，而魯國當然也可以讓哥哥隱公先攝政，等弟弟長大後，再歸還政權給他。這麼完美的計畫，不要說魯國群臣覺得自己真是太聰明，連魯隱公本人也覺得十分理想。他不僅接受了這個提議，甚至願意吞下一些不太平等的待遇。

例如，隱公的生母聲子過世時，魯國不僅不發喪給諸侯，隱公也沒回祖廟進行哭祭，甚至不能將神主放在先代國君夫人的旁邊。《春秋左傳》也按照這樣的規矩，不以國君正妻「夫人」稱呼聲子，更不記錄她的下葬情形，只有因為她是隱公生母，所以用「君氏」稱呼。又或者，魯國群臣們總是不把隱公這位代理國君放在眼裡。在他攝政期間，幾位較有權勢的大臣老是在沒請示國君的情形下擅自行動，有些事情甚至是在隱公已經明確表示反對的情況下仍執意進行。

面對這些看起來根本是職場霸凌的行為，魯隱公總是忍下來，他只牢牢記著自己本分，一心一意地盼著弟弟長大。這樣的念頭，讓魯隱公即便聽到公子羽父的叛變計畫也不為所動。

由於隱公攝政的這些年來，魯國政通人和，對外關係表現得也很不錯，所以執政高層們開始對這位看守國君頗有好感。此時，政治眼光十分精準的羽父決定啟動一連串計畫，他試圖說服隱公，找機會把年紀尚幼的桓公幹掉，讓自己做個實實在在的國君，好讓這幾年打下的基業，可以安穩發展下去。當然，羽父心中真正的盤算，是希望隱公建立政權以後，自己也能弄個大宰這樣的高官做做。

「天底下沒有哪個笨蛋會將已經握在手裡的江山拱手讓人。」羽父大概萬萬沒想到，耿直的魯隱公竟會拒絕他的提議，甚至表示一旦時機成熟，他便會結束攝政，還政給弟弟，再尋覓一處安靜不打擾人的所在，低調度過餘生。

聽到隱公心底話的羽父，非但沒有被這真摯的兄弟之情感動，反而立刻決定倒戈。畢竟魯隱公已經知道他的計畫，也許有可能將他視為眼中釘，甚至找機會把他處理掉。羽父認為既然無法說服哥哥，那弟弟便是他僅存的希望，而魯桓公果然不似哥哥那般死腦筋，又或者，這些年來他內心總有著一絲不安。如同歷史記載裡的周成王，面對管叔、蔡叔的流言時，也曾懷疑過周公，若不是讓他看到了金縢之書，大概也就沒有周公攝政的美談。歷史也許可以借鏡，但有時不免出差錯，偏偏魯隱公沒有留下自己的金縢之書，讓桓公足以確認他的真心。

最後，隱公在一次外出行程裡，被羽父和桓公所派的殺手給殺了，結束了他短暫但認分的十一年攝政生涯。他大概作夢也沒有想到，自己一輩子的忍辱負重，只換來弟弟的絕情以及一個「隱」字諡號。

不少人覺得隱公太溫厚、太善良，甚至認為他即便是個好的攝政君王，但手段不高明，不足以保住自己的性命和位置。然而，這真的是《左傳》想告訴讀者的事情嗎？

事實上，《左傳》記載的兄弟故事不少，就在魯隱公攝政之時，鄭國上演著兄弟廝殺之戰，就是著名的「鄭伯克段於鄢」。相信讀者還記得，那個從小因為媽媽武姜偏心而性格變得陰沉詭異的鄭莊公，是如何放任弟弟段叔共坐大，然後再趁機一網打盡，最後還導致母子決裂，只能用地道假裝黃泉，給鄭莊公架了個台階表演和媽媽的和解。相較之下，魯隱公根本是溫暖得像太陽一般的大哥呀！

《左傳》作者左丘明是儒家的信奉者，他寫這本書的目標，應該是發揚儒家「兄友弟恭」的精神，但為何魯隱公下場如此悽慘呢？大概是因為魯隱公為弟弟桓公所殺，終究是無法迴避的事實，《左傳》作為史書也只能照實書寫，但在其中仍寄託了作者對兄弟情誼的理想。事實上，左丘明和我們一樣，不可能知道魯隱公真正個性以及心中的盤算，但他依著儒家精神，將魯隱公打造成理想中的大哥。因此，重點不是這位大哥下場如何，而是他盡本分、知進退、友愛兄弟的身影被永遠地留在了史書之中，留待後世讀者細細品味。

魯隱公的故事讓人不勝唏噓，這樣一位個性溫和的好哥哥，不僅命喪弟弟之手，在史書裡也只得到一個「隱」字謚號，說明他當了一輩子代言，始終沒有被正式承認。這種明明執政卻進不了正規譜系的君主，在中國歷史上不少，而漢字世界裡也有一些這樣的例子，它們曾經在簡冊上綻放了光亮，但轉瞬間又失去了蹤影。

這類文字，有時候文字學界會稱它為「死字」。就是指它已經消失於歷史洪流中，即使今天我們也許還很常用這詞，但所使用的字形已經完全不是那麼一回事了。

例如，那個老子和莊子很愛談的「道」字，大家都知道是由辵字旁跟首合起來，許慎說這是「所行道也」，就是指用來行走的道路。事實上，這個字在金文原本是由行跟首合起來的字，寫成「衟」，「行」本來就是十字路口的意思，人的頭在十字路口中間，象徵人在思索該前往哪條道路。這個文字構形不難理解，不過在老莊出身的楚國卻有一個不同形體存在，它的中間不是「首」而是「人」，寫成「⿲彳人亍」，兩者意思差不多，不過楚文字的「道」似乎更像我們站在人生的十字路口，思索著未來的道路。

這個特別的「道」字，過去從來沒有見過，直到一九九三年出土的郭店楚簡出現了它，我們才發現原來楚國曾經流行過這樣一個字形。不過很不幸地，歷史的發展是楚國被秦國併吞，而經歷秦始皇統一文字政策以後，楚國的「道」字就像魯隱公一樣，被排除在正規文字之外，最後消失在世人眼前。

還有一個字下場和它的意義差不多悽慘，就是「葬」字。我們今天寫的「葬」字，據許慎說是「从死在茻中」，古人不是貴族出身的話，大概死了就是隨便挖個坑找地方埋了燒了，所以死在草莽之中為「葬」，聽起來非常合情合理。不過這個字在甲骨文裡，可不是描述這種草率又急就章式的葬禮。

「葬」字在甲骨文有不少不同造形，不過主要的形體都有一個像「口」的方框，裡頭有時寫成「人」形，有時則寫成「歺」或「爿」形。寫成「人」形很好理解，就是人在墓穴之中，而「歺」形指的是墓穴裡頭有腐爛殘缺的骨頭，至於「爿」

形則表示古人死時必須躺的「牀」上。換句話說，甲骨文「葬」字是描述墓穴的各種情形，甚至還會在墓穴裡加上小點，象徵沙土覆蓋的意思，它描繪的樣貌比起後代「葬」字顯然要細膩豐富許多。

可惜的是，甲骨文的「葬」字形體後來就看不到了。由於金文材料的缺失，我們不太確定它消失的原因，但是至少接下來的戰國文字都不是這麼寫的，而今天常用的「葬」字則是秦國使用的形體。像這類的死字，在古文字材料裡還有非常多，通常就是最難辨認的字，也是古文字學家熱愛一展長才的好戰場，至於這些死字是怎麼被認出來的，那就留待後話了。

21 靠爸不稀奇，靠舅才有力！

城濮之戰，是扭轉春秋時代列國局勢的重要戰爭。此戰之前，齊桓公已逝，諸公子內鬥，中原華夏無人主持大局，任憑楚國宰割。但是在城濮之戰過後，中原人民站起來啦！諸侯被欺負，找晉國哭訴就對了！

既然晉國願意做大哥，也因城濮之戰證明自己有當大哥的實力，於是諸侯都來晉國祝賀，晉文公的大臣狐偃也拿賀禮鑄造了好幾套青銅編鐘，其中一套半現藏於臺北故宮。由於狐偃鑄造編鐘時，署的是自己的「字」——子犯，因此這套編鐘被稱為〈子犯編鐘〉或〈子犯龢鐘〉（龢，音同禾）。

〈子犯編鐘〉記載，子犯輔佐晉文公，而楚國不聽周王號令，於是子犯與晉文公率領六師討伐楚國，消滅了楚國的軍隊，安定了周天子的天下。然而，就在這銘文中，暗藏了一個極大的玄機。

銘文中說：「諸侯羞元金于子犯之所，用為龢鐘九堵。」意思是諸侯們進獻上好的吉金（銅料）到子犯他家，子犯用來做這套編鐘。有點政治敏感度的人應該會發現，子犯（狐偃）是臣子，晉文公才是君主，怎麼諸侯祝賀霸主戰勝蠻夷，是直接送錢到霸主的臣子家裡呢？

故事要從晉文公家的三兄弟說起，他們的爸爸晉獻公，一生戎馬卻又詭計多端，滅了許多國家，讓晉國再次強大。晉獻公征服了某個戎狄部落後，收了該部落的美女入後宮，悲劇由此開端。

三兄弟中的「重耳」，就是後來的晉文公，在他之上，有太子「申生」，為人素來忠孝耿直。這種情況下，除非是天性野心勃勃、立志奪嫡的人，大多數人應該覺得此生做個政二代安樂公子，天天吃喝玩樂就好。可惜天不從人願，由於晉獻公新收的「驪姬」是個權力欲極重的女人，她進讒設計，逼死了太子申生，並迫害繼承順位在她兒子「奚齊」之前的兩個公子——重耳與夷吾出走他國。

迫於爸爸與繼母的威逼而離家出走，於情於理，通常會選擇母親的娘家投靠，因此重耳便跟著他的舅舅狐偃逃去狄族領地。後來晉獻公過世，晉國陷入繼承者內戰。鑑於局勢太亂，即使有國內權臣的邀請，重耳一行人也不肯回國。這就讓夷吾鑽了空子，趁機奪取了國君之位。

對夷吾來說，重耳是兄弟，卻也是潛在的繼承競爭者。在政治利益之前，什麼兄弟之情都是浮雲，想方設法除掉重耳才是要事。因此重耳只好逃出狄族，流浪到齊國。

到了齊國，重耳潛在的主角光環才正式覺醒。遲暮英雄齊桓公對重耳一見傾心，將女兒嫁給了他，還好吃好喝地供養他。這可能是因為齊桓公本身也很好享樂，《管子》記載，齊桓公曾坦承有三個毛病：愛打獵、愛喝酒、好女色。兩個享樂主義者可能眼神一對，心領神會，彼此都是「懂玩」的！

因為過得太爽，重耳沉醉在繁榮的齊國不想回去，而齊桓公愛的供養也隨著其身亡而中止。舅舅狐偃覺得這樣下去不行，便跟幾個幕僚討論怎麼脫身。重耳的齊國太太知道此事後，也勸重耳走出舒適圈，設法回國發展自己的事業，待在齊國享樂遲早要完。軟爛的重耳卻聽不進去，於是其他人就聯合起來把重耳灌醉後，裝到馬車溜逃出境。

等到重耳酒醒，發現周圍有異，問了旁人才知已經離齊國很遠了，回頭已不可能。好好的享樂生活沒了，又要回頭過吃土的苦日子，軟爛人重耳氣得七竅生煙，抽起兵器就要砍殺舅舅狐偃。呃……聽起來很荒唐，但這就是春秋五霸晉文公呢！

重耳君臣一行人南下楚國，然後西遊到秦國。途中靠著狐偃與幕僚團的協力，以及強大主角光環的加持，不僅楚王對重耳很愛護敬重，請客、陪聊樣樣來，秦穆公更將自己女兒再嫁給重耳，簡直男版瑪麗蘇。

為什麼要說「再」呢？因為晉惠公夷吾當初把兒子留在秦國做人質，秦穆公把女兒嫁給了這個人質。後來晉惠公將死，秦國與晉國又早就鬧翻，人質兒子擔心會出事，找了機會就溜出秦國。秦穆公女兒懷嬴沒跟著走，就被爸爸下令再嫁給前夫的伯父重耳。

啊，讀者可能覺得這倫理關係太詭異，侄子的太太成了自己的太太，叔父成了先生，搞得好亂啊！而重耳本人也是極不情願的，這公主的前夫還是自己的侄子，多尷尬。

此時舅舅狐偃就跑出來說：「都要奪取侄子的國家了，奪取他的前妻算什麼？拜託你清醒點！現在我們就都聽你岳父的話就對了！」重耳想了想，手上沒權沒兵，只能乖乖跟懷嬴結婚了。

因為是被迫成婚，磨擦怨懟自是難免。在新婚次日，新婦懷嬴捧著盥洗用品給先生洗臉，重耳洗完後不用毛巾擦手，反而用手甩水。懷嬴當即大怒說：「你是晉國公子沒錯，但我也是個秦國公主，你現在是跩什麼啦？」軟爛人重耳色厲內荏，想到自己寄人籬下，還得求丈人出兵送自己回晉國，於是被公主凶了之後，馬上下跪求饒請罪。

因為這事鬧得有點僵，丈人秦穆公就派人來傳幾句話：「哎，我這女兒之前嫁過人了，現在又再婚，這種種經歷，有很多不得已的地方，希望你體諒一下。今天安排她嫁給你，如果你覺得很丟臉，那都是我的錯，委曲了你。其實你不娶我女兒也行，我尊重你的決定。」

人在屋簷下，秦穆公雖然對重耳很禮遇，但他更看重的是擁立重耳帶給秦國的好處，這個沒心機的軟爛人是可居的奇貨啊！之前他擁立了夷吾這個心機背骨仔，「許君焦、瑕，朝濟而夕設版焉」，拆橋翻臉比什麼都快。現在，他更需要聽話的晉國新君主。

在秦穆公碾壓式的軍力面前，晉國上下拋棄了重耳侄子晉懷公，迎接重耳做新老闆。

在渡過黃河回晉國前，狐偃突然拿了一塊玉璧跳出來說：「臣跟著您流浪這麼多年，很多話說得是直了些，冒犯了君上，不如我就不跟您回國了，我們從此永別！免得您回國後越想越氣，越想越虧，找我算帳，那就不好看了。」意思是要麼用玉璧宣示，不算舊帳，要麼讓他辭職。在流浪時，他們是舅甥；在回國後，他們可就是君臣了，地位不同，得給自己留後路。重耳這時可就機靈了，馬上把玉璧接過來，扔進黃河，宣誓說：「我必與舅舅同心，黃河為證！」重耳其實很清楚，自己是個只懂吃喝玩樂的公子，靠著舅舅狐偃與幕僚團隊的努力，才把他推到這一步。工具人想離職，那怎麼行呢！

回國後的工具人狐偃確實發揮了他的才能，跟著晉文公在城濮與楚國交戰，穩住了怯懦的外甥，並施展退避三舍的計謀騙楚國孤軍深入。有些人會說退避三舍是晉文公的計策，其實不然。當年確實是晉文公重耳向楚王許下退避三舍的諾言，但在戰場上，是諸將向狐偃抗議未接戰就先退避，過於可恥。而當時只有狐偃出面說明退避三舍之計乃是為了讓楚軍士氣三鼓而竭，軟爛人晉文公在此處沒有戲分。

城濮之戰開打之前，楚軍兵精勢強，讓重耳很害怕，怕到晚上作惡夢，夢見楚王化身喪屍，趴在他身上啃食腦漿。舅舅狐偃哄騙這個軟爛外甥說：「你仰天是承接天命，他趴地是認罪伏法，怕什麼，這是好夢！」穩住重耳後，狐偃就跟著諸將一起打敗了楚國。說到這裡，真正打贏城濮之戰的主角，其實是舅舅狐偃。

如此，就能理解為什麼諸侯要送錢給子犯（狐偃）了，因為他才是晉文公霸業真正的推手。雖然晉文公是諸侯，那些小國諸侯也是諸侯，小國之君應該是將禮品送到君主晉文公手上，再行頒賜給有功之臣。然而因為狐偃不僅是晉文公的舅舅，還是大功臣，所以才會有「諸侯羞元金于子犯之所」這樣的記載。

然而狐偃本人的頂峰也就止於此了，狐偃死後，他的兒子在政治鬥爭中出局，逃回了狐氏部落，再也沒能回到晉國。而狐偃本人，更是在一些古籍中被改寫成腹黑形象。比方說《左傳》中只記載狐偃怕回國被算舊帳，因而持玉璧要跟重耳分別。但到了《史記》還被加油添醋地加上了介之推暗酸狐偃的私語：「重耳公子是天選之人，是天在幫他，不是狐偃幫他。現在狐偃一副收割仔的樣子，真是可笑。」之後介之推就自行離開隊伍隱居。

在《呂氏春秋》裡，狐偃持續「風評被害」。只不過說了幾句「兵不厭詐」之類的話，就被說這是「一時的小伎倆」。另一個大臣反對狐偃兵行詭道的言論，反而被說好有仁義，是「百世的利益」。

韓非聽到這個故事，冷笑一聲，在他的《韓非子》中說：「可笑，戰爭得先打贏，才有百世利益；戰爭沒打贏，國家就亡了，哪來的百世利益？狐偃是對的，實力才是王道啦！」

這話雖說得不錯，但我們知道法家最終沒能取得檯面上的政治主流，所以到了漢代，這種兵行詭道的言論，只會讓狐偃的形象被黑得更慘！《說苑》記載，晉國有個才子陽處父，請求狐偃提拔他，三年都不能成。他改找趙衰幫忙，三天就當上了官。《說苑》還批評狐偃：「智不知其士眾，不智也；知而不言，不忠也。」狐偃從城濮之戰的大功臣，淪為嫉賢妒能、不智不忠的大奸臣，好慘吶！

所以當我們在利用古書材料談歷史的時候，應該要體認到任何文本的記載，都參雜著寫作者個人主觀意識。《說苑》、《呂氏春秋》、《史記》、《左傳》都有類似的情況，只有程度的差別。甚至是〈子犯編鐘〉，也只是從子犯個人的角度看待城濮之戰勝利，從其他人的角度來看，真的是這樣嗎？《國語‧楚語》的記載就完全相反。開戰前晉國就想帶著軍隊撤退，但楚國的王孫啟叛逃到晉，把楚國的弱點全盤托出。這讓晉國決定反身痛擊追擊的楚軍，贏得了勝利，根本沒有設什麼退避三舍的計謀，晉國本來就是要撤退的。這種「同一事件，不同敘述」的現象，在現代各種報刊媒體上，不也是一樣的嗎？

狐偃是晉文公的舅舅，為外甥重耳打下了赫赫霸業。仔細一想，歷史上有人也是依靠舅舅起家的。比方說周武王娶了姜太公的女兒邑姜，讓姜太公替周朝打天下。臺語俗話說：「天頂天公，地下母舅公。」舅舅在漢族傳統中，占有非常重要的地位。

除了晉文公、周武王之外，商朝的開國始祖——湯，也是一個靠舅舅起家的君主。學者在甲骨文中，發現商王很常祭祀一位特殊的神靈「」，寫成兩隻手加一隻烏龜的樣子。欸，這難道是龜神？其實不是。透過相關甲骨文詞句的比對，這個「」跟伊尹相連，作為同位語，「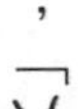」就是「伊尹」。

欸！伊尹是隻烏龜？當然不是，這是因為「舅」這個字形在甲骨文還沒創造出來，常常借聲音相近的「龜」來表示，是假借。而同樣透過文句的比對，另一個「」也與「」地位相當，應該也是伊尹的假借代稱。

為什麼古人那麼多名字？不會搞混嗎？其實不會，比方說商湯，又叫「成」，或是叫「大乙」。春秋時宋景公做了一件青銅器，上面寫自己是「有殷天乙唐」之孫宋公欒，其實就是說我是商湯子孫，把商湯名號「天乙」、「唐（湯）」串在一起寫了，看起來比較霸氣。

後來又有學者研究，這個「」本來應該是一種可以狩獵的動物，被借音為「舅」，代稱伊尹。是什麼動物呢？據推測應該是「犰狳」之類的動物，有鱗片，善蜷曲，很符合字形，「犰」又符合「舅」這個借音。

好好的伊尹不叫，偏要叫「舅」，為什麼？因為伊尹在商湯建國時，有著非常巨大的貢獻，這種君臣關係，應該是有聯姻成分存在的。在甲骨文的祭祀中，經常看到伊尹跟開國之君成湯一起被祭祀。商王室與伊尹的關係極其密切，甚至流傳到《呂氏春秋》中都記載：「祖伊尹世世享商。」意思是伊尹被商人奉祀。

關於伊尹的身分，在戰國時期有很多說法，諸如陪嫁的小臣、廚師、隱士等，十分傳奇，但都不可信。商周時期是個家族統治一切的時代，並不存在無根無基的自由人或賤民一躍成為卿相的可能。西周金文中，執政大臣就是一些大家族如周公、召公、毛公、榮伯在輪替，血統決定了很多事情。在商朝，更重視祭祀。

一個毫無親戚關係的外人，憑什麼受祀？

因此，最有可能的狀況是伊尹為一族之長，在夏與商兩陣營反覆橫跳，最終與商湯陣營締結聯姻，成為商王室的「舅氏」。《左傳》記載周天子派人賞賜齊國君主，說：「昔伯舅大公，右我先王，股肱周室，師保萬民，世胙大師，以表東海，王室之不壞，繄伯舅是賴。」齊國開國之君姜太公，是周王的舅氏，齊國君主也就世代為周王朝的舅舅家，並受到尊崇。伊尹與商王室的關係也是這樣，伊尹的後代，成為了商王室永遠的舅舅家。

22 請世界別為我傾倒

自古以來，形容女子之美的文字多如牛毛。有正面書寫女子之美的，如「手如柔荑，膚如凝脂。領如蝤蠐，齒如瓠犀，螓首蛾眉。巧笑倩兮。美目盼兮」。形容女子的手像初生的嫩芽還可以，但說皮膚白得像豬油凍，頸子像白嫩的雞母蟲一樣，就有點駭人了。可見正面書寫雖然直接，但在不同時空文化的人眼中看來，可能就有截然不同的體會。

那側寫呢？這也許是個好辦法。〈陌上桑〉可說是側寫女子之美的典範神作：「行者見羅敷，下擔捋髭鬚。少年見羅敷，脫帽著帩頭。耕者忘其犁，鋤者忘其鋤。來歸相怨怒，但坐觀羅敷。」羅敷之美，路人搓鬚讚嘆，少男為之換裝，農夫看得都呆了，他們回家便對妻子發脾氣，都是因為見到羅敷的關係。這種妖豔氣場，尚屬於眼見階段，不過百尺。但在歷史上，曾有一位美人，靠著她的盛世美顏，攪弄風雲，從文臣到武將，從昏君到賢王，無不為之傾倒。

這個美人就是夏姬，一位兩千年來被不斷傳頌的女子，有人黑她，有人讚美她，無論毀譽，他們都不會否認夏姬的美。她究竟是何人呢？她有何手段使得世間為之傾倒呢？

故事是這樣的，夏姬是姬姓鄭國君主的女兒，古書上說她一開始嫁給陳國的「子蠻」，子蠻早死，又改嫁給「夏御叔」，故稱夏姬。夏姬給御叔生下了兒子「夏徵舒」，之後夏御叔也踏上子蠻的老路，死了，留下夏姬帶著徵舒成為陳國的孤兒寡母。

在春秋那樣的亂世裡，貴族已經不講究規矩了，人倫的底線也可以觸碰，天子八佾可以舞於季孫氏之庭，文姜可以跟親哥哥齊襄公顛鸞倒鳳。只要寡人喜歡，有什麼不可以呢？夏姬這麼美，很快就引起陳國之主陳靈公的覬覦，他帶上兩個獵豔團護法：孔寧、儀行父，「潛規則」了夏姬。《國語》記載：「今陳侯不念胤續之常，棄其伉儷妃嬪，而帥其卿佐以淫于夏氏。」意思是陳侯不顧念國家存亡，拋棄明媒正娶的妻妾，帶上公卿大臣去夏家找寡婦巫山雲雨。

陳靈公帶起的「多人運動」浪潮，甚至從檯面轉向了公開場合。但他在朝廷上展示起夏姬的內衣，和孔寧、儀行父大談夏姬的情色玩笑。正直的大夫泄治看不下去，出來勸諫，請求誅殺孔寧、儀行父以正綱紀。老色鬼陳靈公怎麼可能聽得進去，反過來殺了礙事的泄治，繼續他們瘋狂的亂世狂歡。

寡婦、人妻與「多人運動」，陳國君臣已經沒有什麼下限可言了，但他們竟然還能再超越下限，擊穿地心。某日，陳靈公三人組又去夏家欲行雲雨之事，正在喝酒助興時，老色鬼陳靈公指著夏徵舒說：「這小子，長得倒像儀行父你啊！」儀行父淫笑著回敬道：「我看也很像老闆你啊！」

夏姬怎麼面對這三個淫魔，我們不清楚，但她剛成年的兒子夏徵舒可看不下去。他自幼看著三個色鬼對自己母親行惡魔之事，內心早已不滿，而今竟當面指著他隨意羞辱血統，血氣方剛的夏徵舒怎能忍受？於是少年回房拿出弓箭，趁著陳靈公出門時，發了個大絕招，射死了淫亂一生的陳靈公。孔寧、儀行父兩人見狀，魂飛天外，駕著馬車逃奔楚國，尋求政治庇護。

陳靈公忽然身故，陳國上下一片混亂，夏徵舒順勢奪取了政權，自立為陳國之主。而陳國隔壁的楚國，正是五霸之一的楚莊王在位。楚莊王聽了兩個色鬼的哭訴，不由得大樂。陳國內亂，他可以重建秩序為由，拿下陳國，又不會引起任何國際上的不滿，簡直天賜良機。心動不如馬上行動，楚莊王派兵攻打陳國，揚言只抓弒君者夏徵舒，陳國人不要抵抗，保你全家上下平安。於是夏徵舒很快就不敵強大的楚國，被抓後慘遭車裂處死。

楚莊王拿下陳國後，喜不自勝，想要直轄這塊沃土，卻被手下勸阻。畢竟當初是用重建秩序為由出兵，應該幫陳國擇立新君，結果竟是自己獨吞了陳國，這不僅違反了比例原則，還留下貪婪的名聲。楚莊王同意了，但他想著沒吃到土地，那女人總可以留給自己吧？

這女人是誰？當然是楚莊王入陳後見到的夏姬。

即使是英武果決如楚莊王，也不能不被夏姬的傾世美顏所誘惑。當他透露想收夏姬進後宮時，一位名叫申公巫臣的大夫又來勸諫了。理由又是：「您當初用重建秩序為由出兵，結果是想收美人，搞不好大家會覺得你就是好色而已。」可憐的楚莊王，土地不能要，美人也不可以收，這霸王當得比昏君還不痛快。

楚王不要，後面排隊的還有很多人，比如說楚國貴族子反，申公巫臣又跳出來說：「這女人剋夫啊！」嚇得子反連忙揮手讓賢，最後夏姬被楚王賞給了貴族連尹襄老。可就正如申公巫臣說的那樣，夏姬命犯天煞孤星，誰娶誰死。連尹襄老前腳剛娶美嬌娘，後腳出門上戰場就死了。

連尹襄老的兒子在繼母一進門時，同樣也迷上夏姬，在那個年代，女人無法反抗男人的統治，更不用說夏姬只是任人發落的陳國戰俘。又是在這時，鐵嘴神算申公巫臣派人通知夏姬，要帶她離開楚國，要許給她一個真正的美好未來。

申公巫臣聰明睿智，與夏姬一見傾心，連番阻撓楚王、子反，就是為了與夏姬在一起。於是兩人一合計，夏姬以迎靈為由，申請出國，將戰死沙場的連尹襄老屍身從鄭國帶回。而申公巫臣同時也向政府申請出使齊國，藉機將一家老小都帶出境。

儘管要冒著叛國的風險，但申公巫臣用盡一身智謀膽力，最終和夏姬在晉國修成正果。有人開心，就有人不爽，楚莊王在此之前薨逝，沒法追究，然而子反就不同了，他知道申公巫臣捲美人以叛國的事後，氣得七竅生煙。原來巫臣這傢伙之前完全是假好心，什麼剋夫，原來是想私吞。子反聯合幾個貴族惡棍，把巫臣跟夏姬在楚國有關聯的人全都殺了，瓜分了申公巫臣家族的產業。

申公巫臣在晉國聽聞此事，也很憤怒，但匹夫之怒，拔劍而起，智者之怒，必將動搖天地。他隨即修書一封，致與子反，痛陳子反貪婪殘暴，定要叫他們「罷（疲）於奔命以死」。奔命，意味奔走於公務命令。讓子反疲於奔命而死，意思就是他會用盡一切手段，給楚國製造無盡的麻煩，使子反應接不暇而活活累死。

為了實現此一目標，申公巫臣向晉國提出了大側翼計畫。晉、楚兩國正面對抗好多年，都不能有所斬獲，但是如果能在楚國背後養出一個晉國側翼，讓側翼給楚國找麻煩，晉國就可以明面上手不沾血地削弱楚國。

申公巫臣相中的側翼就是吳國，他教了吳國當代戰鬥技術：車戰，並強化吳國的軍隊組織力，使落後的吳國瞬間起飛。此後的故事與夏姬無關，就不多說了，總之吳國最終完成了攻破楚國首都的偉業，子反也在吳國無盡的騷擾中崩潰，最終在晉、楚鄢陵之戰中戰敗自盡。

故事的結尾，除了申公巫臣這種天縱奇才能駕馭夏姬這種天煞孤星外，夏姬的後代也逃不過死於非命的命運。夏姬為巫臣生了一個女兒，長大後嫁給晉國名臣叔向，給夏姬生了一個外孫楊食我。這個楊食我後來捲入政爭，讓叔向的「羊舌氏」全部被殺，一夕覆滅。

《左傳》為了鋪陳愛好美色足以亡國，以巧妙的手法敘述了夏姬波瀾壯闊的一生，最後藉由叔向媽媽之口說夏姬：「殺三夫、一君、一子，而亡一國，兩卿矣，可無懲乎？吾聞之，甚美必有甚惡。」其實這些事，跟夏姬有什麼關係？陳靈公是他叫夏徵舒殺的嗎？是他讓楚莊王殺夏徵舒的嗎？連尹襄老戰死沙場，難道是夏姬派人所為嗎？都不是。從頭至尾，夏姬都無比被動，遠離母國鄭國的她只能在波詭雲譎、肉慾橫流的亂世中苦苦求存而已。

儘管如此，一介女子能使這麼多君王將相忘乎所以，恰好形成了完美的側寫。相較起來，《東周列國志》就顯得低俗多了：「那夏姬生得蛾眉鳳眼，杏臉桃腮，有驪姬息嬀之容貌，兼妲己文姜之妖淫。見者無不消魂喪魄，顛之倒之。」

夏姬很美，可是青春留不住，有詩云：「宛轉蛾眉能幾時？須臾鶴髮亂如絲。」細細一想，夏姬生子夏徵舒，起碼十六歲。夏徵舒殺陳靈公，並自立為君。一介孤兒，要培養出能自立為君的政治勢力，顯然也不會是個十六歲的毛頭小子。要得到陳國上下勉強支持，可能最低也得要二十幾歲。更不用說夏姬初嫁還不是夏御叔，是子蠻。

於是夏姬淪為楚國戰俘時，可能已經年近四十。當然，徐娘半老，風韻猶存，吸引一票公侯將相，也勉強說得通。這已經是對先秦古人駐顏術極度寬容的推測結果了。容顏好說，生育問題就不能再寬容了吧？人類這種生物，存在更年期，而高齡孕婦更是極具風險。公元前五九九年，夏徵舒弒君。公元前五八九年，申公巫臣跟夏姬攜手走晉國。十年過去，夏姬年紀最低也是快五十歲起跳。這個年紀還要跟巫臣生女，未免過於勉強。

總而言之，一切問題都出在《左傳》把夏姬設定為夏徵舒之「母」這件事上。後世也有不少人懷疑《左傳》這邊到底有沒有搞錯。固然有些人會說夏姬是稀世中年美魔女，但出於對古人健康與平均壽命的考量，懷疑終究不能打消。

幸好近年新發現的「清華大學藏戰國竹簡」中有一卷《繫年》，是一本戰國時人編的春秋史。裡面記載夏徵舒娶妻於鄭穆公，名叫少孔。對照後來的劇情，少孔就是《左傳》的夏姬。

在這《繫年》版的夏姬故事中，沒有陳靈公組團行淫這等荒唐事，只單純地說夏徵舒弒君。接著楚莊王按照重建秩序的劇本平亂，殺掉夏徵舒，並將弒君者之妻少孔賞給申公巫臣。但另一個大臣連尹襄老也要討少孔，申公巫臣爭不過，只好拱手讓賢。接著連尹襄老死於戰場，其子黑要同樣上演霸占繼母的戲碼。在《繫年》版中，夏姬還是一樣剋夫，黑要沒多久也死了。這下換子反跟申公巫臣爭少孔（夏姬）。結局和《左傳》一樣，是巫臣捲妻叛逃，到晉國執行大側翼計畫。

僅僅是把夏媽媽變成夏太太，過去所有對夏姬年齡的問題就全部解決了。當然，能夠合理解釋不代表一定是事實，畢竟現實往往比故事更魔幻離奇。《左傳》的美魔女形象，也許更能突顯夏姬的美。少女很美，那是自然；少婦很美，那就有點厲害了。《左傳》把夏姬的美，當成道德教化的素材，倘若我們設身處地想夏姬的一生，應該也不免為之嘆息糾結。而若將其放在一個大歷史的角度觀看，又不免為之驚嘆。正是因為她，申公巫臣改變了世界，改變了晉楚對峙的格局，創造出吳越爭霸的新篇章。無論如何，以個人的幸福而言，那些世界的紛紛擾擾都不重要，重要的是夏姬最終還是跟愛她的人走到了最後，對身處亂世的人來說，這樣也許就遠遠足夠了吧。

夏姬是春秋亂世中的絕世美女，《左傳》用她一生中被迷倒的公侯將相，側面書寫她的傾世美顏。說到「美」，一個常見的解釋是「羊大為美」。有些老師可能會說，因為大隻的羊很美味，所以會意為美。從甘美到漂亮，都有好的意思。不過……為什麼大羊就一定美味呢？難道不是羔羊最美味嗎？羊養大了不僅肉質老了，而且還有羶味。好吃的羊，應該是小羔羊啊！

沒錯，其實「美」還真的不是羊大為美。古文字中的「美」字寫成「」，像一個正面人形，頭上有巨大的華麗裝飾，有點像巴西的嘉年華會戴的羽飾。整體應該是個象形字，而不是會意字。由於羽飾下垂，漸漸寫得跟羊一樣，在戰國晚期，就已經被寫成上羊下大的美字了。

這和夏姬故事一樣，有些謎團單靠古書是解不開的，如果不是穿越時空的出土文獻前來相助，我們怕是很難解開這些問題，更可能無法意識到問題的存在。

23 魯蛇變鬼還是廢？子產揭露殘酷真相

你喜歡看鬼故事嗎？曾經和一群朋友關上燈聊鬼故事嗎？如果你也曾對鬼故事癡迷過，你並不孤單，因為古人也很喜歡。從大家熟悉的《聊齋誌異》，到小故事集成的《太平廣記》，甚至上溯到《左傳》與商朝甲骨文，鬼故事都是這些文本中不可或缺的角色。

「鬼」是人類社會中經久不衰的熱門話題，只要有人出沒的地方，就有鬼故事。不管是洋溢青春的校園、陽剛氣息濃厚的軍隊、清新自然的山峰、陽光明媚的海濱，都有不少鬼故事。除了分布廣泛，歷史也很悠久。甲骨文記載商王占卜自己夢到鬼：「鬼夢」、「多鬼夢」。可以說，從商朝開始鬼就在統治者的腦海裡徘徊不去。

商朝的鬼，影響人間深遠，因為那些法力高強的鬼，往往是死去的先王。卜辭曾經記載：「羌甲害王？南庚害王？」羌甲、南庚是商的先王，但就像現在講風水說的那樣，祖先不好睡，子孫就要倒大楣。欸，這樣說來，被商王下令處決並殉葬的成百上千的奴隸，豈不是怨氣衝天？商人竟用他們給先王殉葬，不怕奴隸鬼魂把他們吞沒嗎？

說真的，可能還真的不怕！先秦時候人們對鬼魂的觀念，跟我們有些差異。《左傳》記載，春秋時鄭國貴族內鬥特別凶狠，一位叫「伯有」的大貴族死在一場大內亂中。伯有被殺後，怨氣不散，在鄭國城裡四處作亂，甚至讓城內陷入大恐慌。「鄭人相驚以伯有，曰『伯有至矣』，則皆走，不知所往。」這段看原文，就覺得驚駭而生動，人們在路上慘叫著：「伯有來了！」一時四散奔逃，不知所往。

鬼若只會嚇人，似乎也不是很厲害。作為春秋最知名的厲鬼，伯有曾經全副武裝地從夢境世界裡通告鄭國人「某天他將殺掉害死他的人，明年某日，他又要殺掉另一個仇人」。伯有的冤魂雖可怕，但畢竟是託夢，又特地點名某天某人必死，似乎不太可能成真。然而伯有就是這麼厲害，兩個被他點名的人，竟然先後在他指定的日子暴斃死去。

這下鄭國人就更害怕了，子產為了平息怨魂，把伯有的兒子找了回來，讓他繼承伯有的位置。由於鬧鬼之說甚囂塵上，連晉國人都知道鄭國鬧鬼。鄭國的執政官子產去晉國訪問，晉國大夫趙景子八卦地問子產：「聽說伯有……他是真的能變成鬼作祟嗎？」子產一聽，開口就是：

「能啊！人死後就會化為魂魄，肉體的吃穿用度若是精美豐盛，魂魄的力量便強大，魂魄進一步精鍊凝聚，便能發展出神力。普通的匹夫匹婦，若是不得善終，魂魄還能附在別人肉體上作祟，何況像伯有這種吃好穿好的大貴族。伯有，可是我國五代前的君主鄭穆公的後代。從伯有阿公那代開始，三代做鄭國的執政官。雖然比起地大物博的晉國，我鄭國是蕞爾小國，然而三代都做執政，吃穿用度會差到哪去嗎？能不精美嗎？伯有的良氏家族，又人多勢強。所以說，伯有不得善終，變成了鬼，那是一點都不奇怪的啊！」

子產說得頭頭是道，但讀者可能會想說：「生前享特權，死後變神明，鬼世界也太不公平了吧？」這子產是何許人？講話有公信力嗎？是不是為了維護貴族階級而胡說八道呢？說實話，還真有公信力。為什麼呢？因為孔子曾經給子產掛保證：「有人說子產是不仁之人，我不信！」孔子都稱讚子產了，那他的話就可以說相當可信。

從子產的話推敲，生前如果是魯蛇，那人枉死後，力量也不會特別強。所以商朝的先王為什麼可以危害商王，那是因為人家生前是王，待遇享受都特別好，神力自然強大。而要讓鬼不搗亂，那就要讓他得到祭祀，這祭祀還不是隨便什麼人可以做的，得要是死者家屬祭拜才有用。畢竟「神不歆非類，民不祀非族」，跟死者無關的人去拜拜，這種不明來電，死者可是不會接的喔！

歸納上面子產的話，可以反映出一部分先秦時期對鬼的想像：

一、人死後變成魂魄，魂魄依照生前享受的好與壞，使鬼的能力產生強弱的差別。
二、非善終的死會讓死者成為鬼。
三、鬼只要有所歸宿，就不會作祟，前提是死者同族之人去祭拜。

「神不歆非類，民不祀非族」這條拒接不明來電的規則，同樣也跟鬼魂出沒有關。事情發生在距子產時代很久以前的晉國，晉文公的哥哥「申生」，本來應該是第一順位繼承人，可惜被後母所害，落得自盡的下場。他死之後，怨氣不散，因為申生的弟弟夷吾即位為君後，沒有好好祭拜他這個哥哥。於是申生便現身在晉國大臣狐突的面前，一開口就發了張律師函：「夷吾這沒禮貌的臭弟弟，不祭祀我，我已經告上天廷，要上帝把晉國併入秦國，以後秦國的人會祭祀我的，你們給我等著看吧！」

狐突一聽急了，便說：「公子你想得太美了，沒聽過『神不歆非類，民不祀非族』嗎？不僅你吃不了供品，他們跟你非親非故，以後未必真的會祭拜你。你再考慮一下，可別衝動啊！」申生聽了覺得好像有道理，就跟狐突約定七天後附身在某地的巫師身上，將會告知他最終決定，於是咻的一聲就憑空消失了。

七天後，狐突如約去見了巫者，巫者被申生附身後說：「上帝和我討論了一下，同意我懲罰夷吾這傢伙，報應將會在『韓』這個地方發生！」後來晉惠公夷吾果如申生所預告的那樣，因為做人太卑鄙，「許君焦、瑕，朝濟而夕設版焉」，秦穆公在「韓原」之戰擊敗晉國，就把卑鄙的夷吾給抓了回去。

晉朝范寧說《左傳》「其失也巫」，可謂非常合理。在《左傳》中，鬼不僅能在大街上現身嚇人，還能點名殺人，並且現身在活人面前，跟活人一問一答地對話，實在是太勁爆啦！

鬼這麼可怕，人除了拜拜外，有沒有什麼辦法對付呢？從戰國時代開始，對付鬼的觀念開始浮上檯面。在《呂氏春秋》中記載，黎丘有位老阿伯，喝醉從酒館回家的路上被鬼戲弄，氣得帶刀要出門殺鬼，實在是很瘋狂。

湖北出土的睡虎地秦簡，其中的〈日書．詰咎〉篇，更是詳載各種治鬼術，並給各種鬼魂定了名字。像無故攻擊人的叫刺鬼，要用桃木弓射他。此外還有拿刀砍牆，威脅鬼趕快滾蛋，否則要把鬼的皮剝下來這種人比鬼凶的方法。這篇文章可以看到桃木驅鬼來源很早，還可以看到古人治鬼好用狗屎。他們會把狗屎搓成彈丸，用來射鬼。

狗屎驅鬼詳載於《韓非子》，一位燕國太太經常趁丈夫遠行時找小王進門翻雲覆雨。某天先生中途折返，殺了個回馬槍。燕國太太馬上讓小王披頭散髮慢慢走出去，先生看到這麼怪的人出現在家裡，連忙問太太來人是誰。燕國太太一臉正經說：「沒人啊！」於是先生懷疑自己白日見鬼，取來一缸狗屎洗澡，用以驅鬼。

這麼爆笑的驅鬼方式，當然會隨時間慢慢進化。一開始我們談到的《太平廣記》中，就記載唐朝人驅鬼有多先進。唐朝人張翰的太太生產後，產房出現一個無頭小鬼。於是張翰掏出唐人必備驅鬼寶典，對照鬼的形態後，查出名稱，對鬼喊了三次鬼的名稱後，無頭小鬼就消失了。

從頭回顧，中國古人從商周時期的敬鬼、畏鬼，到戰國時代發展出治鬼、驅鬼之術。隨著驅鬼術的發展，人們發現如果讓鬼知道「人知道鬼是哪種鬼」後，鬼就會害怕人們如何對症治他，自己就會識趣離開。這就是我預判你的預判之術。最後，驅鬼、劾鬼等伎倆越來越多，人們發現鬼好像沒那麼可怕，有些活人甚至比鬼還可怕，於是便有了《聊齋》中的聶小倩故事。

漢字文化專欄

鬼故事你可能從小就看，可是你真的瞭解「鬼」這個字嗎？其實文字學家對「鬼」具體是什麼的象形，現在也沒有非常確定的說法。「鬼」這個字，甲骨文跟現在楷書相去不遠，基本形體是「」，一個「田」，下面一個跪坐的「卩」。簡單說就是個「田」頭人或是方頭人。

對於這個「田」，有說法認為是「魌（音同七）頭」，古代驅疫鬼時扮神的人所戴的面具。因為甲骨文剛好有一個「」字，和扮鬼面具有相似的地方，而中國巫術文化中就有「儺」（音同挪）。這個「儺」，雖是民俗，可一點都不俗。因為在儒家正典《論語》中就記載：「鄉人儺，朝服而立於阼階。」意思是當鄉里舉行驅鬼儀式時，士人要穿朝服站在阼階觀禮，莊嚴肅穆，一點也不俚俗。

《周禮》更是記載一種叫「方相氏」的職官：「掌蒙熊皮、黃金四目、玄衣朱裳、執戈揚盾，帥百隸而時難，以索室驅疫。」這方相氏，穿著熊皮，戴著四

目黃金面具，黑衣紅裙，帶著一群人舉行儺祭，目的是驅逐疫鬼。

因此鬼字上面的「田」，有可能就是儺祭用的「魌頭」，與鬼有關，也成為承載鬼魂意義之字。畢竟鬼魂是人的另一種形態，要畫鬼，難免跟畫人重複，用驅鬼人形象代指鬼，似乎也有道理。

「田」跟「人」說完了，那麼底下的「厶」呢？其實這是一場誤會，從最前頭甲骨文「」可以看出來，一開始根本就不存在「厶」，這個「厶」晚到小篆才出現。「厶」的出現，應該源自於戰國文字「」右邊的小圈圈。這個字形仍然頑強地保持著甲骨文「鬼」字的形體，只是手從一隻變成了兩隻。右邊那隻彎曲的手，可能後來脫離了本體，成為「厶」。

24 讓古人教你「夢的解析」

春秋著名的時事評論員孔子，一生評論過許多人、事、物。馬廄失火他關心，衛國讓平民破格使用貴族儀制他嘆息，季孫氏請六十四個人在家跳八佾舞他氣憤。惟獨「怪力亂神」，孔子從不談論。不過作為孔子的鐵桿腦粉，為《春秋》注解的左丘明談鬼神談得可開心了，這種粉絲素質也實在是堪慮啊！以至於後來有人就批評丘明哥：「文筆是很華美啦，但是也太多神神鬼鬼了吧？」這句「豔而富，其失也巫」，或許不少人在中學時代就看過。但《左傳》到底有多愛談這些呢？

《左傳》中記載衛國因為蠻族入侵要搬家，國君卻夢到祖先向自己哭訴。祖先說他的供品全被上古夏朝的某個君王吃光光了，很氣，要子孫趕緊去處理一下！衛國君主醒來後很憨直地想：「強盜搶我，是因為他沒錢，如果他有錢了，就不會搶我了啊！」於是就讓人多準備一份供品給那個夏朝君王。底下的臣子一聽就大喊不可。不是因為衛國剛被暴力拆遷後窮到快被鬼抓走，而是「鬼神非其族類，不歆其祀」。這句話的意思是，鬼神只吃自己子孫的供品，別人家的供品可是不吃的喔！

還有之前很熱門的《如懿傳》，講的是一段「蘭因絮果」的愛情故事。「蘭因絮果」中的「蘭因」，就是出自《左傳》。根據丘明哥的記載，鄭國君主的小妾夢見了「天使」遞給她一把蘭草，天使說自己是小妾的祖先，還說要送給她一個胖嘟嘟的小孩！醒來後，鄭國君主果然帶著蘭草「御」了這名小妾。最後生了一個小孩，取名為「蘭」，長大後幸運地即位為君主。「蘭因」指的就是這樣夢幻幸福的開場。「絮果」則是像柳絮飄散空中，沒有好的結果。

夢、鬼神、預言可說是《左傳》最鮮明的特色，這些元素也很吸引人，以前大家都愛看軍中、校園鬼故事，現在這類影視作品仍然是點閱率的保證。若要說《左傳》中最經典的鬼故事，莫過於晉景公之死這則故事了。這則故事集合了夢、鬼神、預言，三位一體，精彩非常。

故事發生在春秋時代的晉國，這個國家自從軟爛中年晉文公即位後，大肆酬庸。畢竟若沒有這些功臣大力支持只想吃喝玩樂的公子哥，晉文公是不可能上位的。因為酬庸的關係，導致後來的晉國政治被這些功臣的後代家族控制，經過一番煉蠱，誕生我們都很熟悉的韓、趙、魏三家。三家中的趙氏，在這場「冰與火之歌」的權力遊戲中一度差點出局，那就是我們也很熟悉的「趙氏孤兒」故事。（這個故事《左傳》版與《史記》版差非常多，現在戲劇中的故事大多改自《史記》版。）

趙家族長因為讒言而被殺，主持血腥殺戮的主角就是「晉景公」，他也是前面說到那位軟爛中年晉文公的孫子。他殺了趙氏兩位族長的兩年後，身體抱恙，痛苦地躺在宮中。這時他夢到了一個長髮及地的厲鬼出現，厲鬼一邊像金剛一樣敲打著胸膛，一邊像僵屍一樣地跳著，並對他大喊：「你卑鄙地殺害了我的子孫！天帝已同意我復仇的請求，納命來！」這看起來很搞笑，卻是喪亡的象徵。古代喪禮要搥胸頓足，像是要把心挖出來，用跳躍表達不甘與不捨。今天我們仍然在用的成語「椎心之痛」，就是用搥心肝表示極度心痛。搥胸頓足的厲鬼，正滿懷無盡的悲痛與怨恨襲來。

只見厲鬼閃爍逼近，打破了關閉的宮門、寢門，朝著臥病在床的晉景公步步進逼。晉景公害怕極了，連滾帶爬溜進了後殿內室裡躲起來。咚咚、咚咚、咚咚，厲鬼的腳步聲在外面逐漸靠近，堂堂的中原霸主晉侯只能裹著被子，蜷縮在幽暗的內室裡，死死盯著內室的門。鬼的腳步聲忽然停了下來，此時只剩晉景公牙齒顫抖的微弱聲響，他知道，鬼正在內室門外。

「砰！」內室的門猝不及防地被擊破，厲鬼就站在他的面前。此時的晉景公多希望這只是一場夢，隨即就昏死過去。

「啊！原來只是一場夢，嚇死寡人了……」從惡夢中醒來的晉景公滿頭大汗，內衫與被褥也被冷汗浸得溼透。侍奉晉君起居的小臣們，此時除了幫老闆更衣，還被晉景公下令去傳巫師進宮面談。

巫師很快就踮著小碎步，踩著木廊進宮拜見景公。晉景公一五一十地將這場如臨實境的鬼夢告訴巫師。巫師一邊聽著，一邊蹙眉，不祥清楚地寫在他的臉上。巫師細思了這場夢境，旋即告訴晉景公不幸的結果：這場夢預示著晉侯活不到明年試吃新收成麥子那時。

巫師退下後，晉景公仍然纏綿病榻，人生至此，霸業都是空談。所幸他還有個君主的身分，可以拜託友邦秦國送神醫過來診治。等待秦國送醫生過來這段時間，晉景公又作夢了。他夢到兩個邪裡邪氣的小鬼頭正在聊天，一個小鬼說：「那傢伙是神醫，我怕被他弄死，該逃哪去啊？」另一個小鬼說：「怕什麼？躲在膏之下，肓之上，神醫也拿我們沒辦法啦！」

晉景公醒來後，秦國神醫到了，說的果然和夢境相同：「病灶在心尖下（膏）、橫膈膜上（肓）之間，灸不到、針不了、藥力也透不進去，可以準備後事了。」由於醫生的話暗合夢境，晉景公只嘆了口氣說：「真是神醫啊！」送上厚厚一包診療費就送醫生回去了。

冬去春來，頑疾纏身的晉侯硬是挺到了隔年試吃新麥的日子。這個儀式在今天日本天皇即位時也會做，叫作「嘗麥祭」，是古代君主表示自己重視農業的一種作秀。

看著手下獻上一盆今年的新麥，晉景公想起了巫師去年說的話，巫師說吃不到明年新麥的詛咒就要被破除了，他要給這個妖言惑眾的傢伙一個血的教訓。於是巫師再次踩著木廊進宮，結果卻被拖著拉出宮外。他冰冷的屍體畫出了一條長長的血痕，草草地丟在了荒郊野外。

處理了巫師，晉景公顫抖著手指去捻起新麥，指尖與雙唇只餘寸許。他一時露出了孩子般的笑容，正如此時射入室內的春陽和煦。可就在此時，腹中的劇痛讓他手捂著肚子，強烈的便意在腹中翻滾著，使他直奔廁所而去，只留下那盆一粒都沒吃的新麥，還有忽然陰暗欲雨的天空。

晉景公踏上糞坑上的踏板，攬起衣裙，開始宣洩腹中便意。忽聞一聲脆響，天旋地轉，晉景公未及思考自己身在何方，強烈的惡臭已經從四面八方竄進了他的五官。

他想呼救，隨侍的小臣近在咫尺，可是他一張開嘴，惡臭又瘋狂肆意地灌了進來，就像他施加在趙氏與巫師身上滿滿的惡意一般。最終，這位中原霸主戲劇般死在糞坑。拖著他屍身出糞坑的小臣，因為早上夢到背著老闆一步步爬上天，被治喪委員會殺了殉葬。霸主，又多帶了一條人命離開。

故事說完了，你一定很難想像這是《左傳》的內容，還以為是什麼路邊攤文學，腦洞大開成這樣，簡直不可置信。然而我們的左丘明哥，就是這麼酷炫，熱愛使用夢、預言與鬼神來伸張他隱藏在心中的道德與正義。在《春秋》的三個注解本中，只有《左傳》寫得這麼誇張，《穀梁》與《公羊》都只是說晉侯卒，沒有巫師，沒有神醫，也沒有病毒小惡鬼，更沒有趙氏大厲鬼。

中國的史書傳統向來不以絕對記實為主，而在於「褒貶是非，紀別異同」，要讓亂臣賊子懼，讓殘暴的君主知道他們雖然可以草菅人命，但絕不能逃過文史工作者的制裁。當世對付不了你，那就要用這支筆寫死你，讓後世看看暴君的真面目。儘管這像是精神勝利的麻醉，不免也讓我們思考：面對殘暴的政權，可以戰、可以逃、可以創作、可以精神勝利，就是不要下跪逢迎，失去自己的靈魂。

除了「鬼」之外，「夢」同樣又神祕又使人好奇，無怪乎《左傳》愛用這兩樣元素加入敘事，效果也確實不錯，《左傳》許多故事都相當吸引人，而且許多內容後來都變成了成語，像本篇所說的「病入膏肓」就是經典案例。

古人什麼時候知道「夢」是睡覺的產物呢？在甲骨文裡就有非常鮮明的形象可以說明：「」。右邊的「片」就是床，另一個異體字寫成「牀」，像架高的床。上面的人躺著，眼睛還被刻意畫大，寫成「目」。但這個「目」又不太尋常，上面還有好幾根毛，沒錯，就是「眉毛」。

這個眉毛後來變成「夢」的「卝」頭，大眼變成「罒」，手跟身體變成「冖」，加上「夕」表示夜間。至於「片」（床）呢？當然是睡久了丟掉啦。甲骨文裡商王夢到的事很多，有夢到下雨、夢到出門、夢到打仗、夢到自己在拜拜，夢到老虎、白牛、豬豬還有神龍，夢到生病、漏尿、長寄生蟲，夢到王后婦好、大將亞雀、哥哥兄丁，夢到先王父乙，還有夢到列祖列宗的。

商王還有夢見鬼，以及鬼降落在庭院中的。王的夢境千奇百怪，他也會像晉景公一樣來算一下命，看哪路神明不開心，趕快祭祀化解一下。後來不只是王，連平民百姓作惡夢都有一套流程處理。咦？文字不是士大夫才懂的嗎？大量文盲的百姓怎麼懂得寫占夢書呢？近代隨著戰國秦簡、楚簡的大量出土，我們對於先秦時的百姓如何對治惡夢有了豐富的認識。秦國的官吏把民俗占夢的說辭寫成書，他們死的時候順帶也把最愛的占夢寶典入葬，才讓我們看到古人怎麼玩出他們的「夢的解析」。

嶽麓秦簡《占夢書》：「夢見斬足者，天闕欲食。」這是說夢見被砍腳腳的話，代表你家門神很久沒拜囉，門神想要你的供品。因為古代愛用被砍腳的人去守門，《周禮．秋官．掌戮》：「刖者使守囿。」西周青銅器更有一件「刖人守門方鼎」，即用缺腿的人形為裝飾，在方鼎的一面裝上可以活動的小門。小門是做什麼用的呢？是裝炭的。這鼎分上下兩層，上層裝湯水，下層裝炭火，其實跟現代的臭臭鍋沒什麼差別。所以砍腳的刑徒，當時意味著守門者，一般的守門人哪有能力入夢，當然是守門的鬼神，也就是門神囉。

睡虎地秦簡記載一則更有意思的惡夢整治法：「人有惡夢，覺，乃釋髮西北面坐。」這大概是一種頭皮放鬆療程，把紮得太緊的髮髻鬆開，對著西北邊吹吹涼風。一邊吹風一邊祝禱：「哎唷！斗膽求告於宛奇大神啊！我某某人有惡夢，宛奇快來大吃特吃喔！吃完了請賜給我某某人大福氣！錢財布帛什麼都可以唷！」這個「宛奇」是誰呢？學者推測可能是《山海經》中的「窮奇」，書上說牠像有翅膀的老虎，會吃人。《續漢書．禮儀志》說「伯奇食夢」，「窮奇、騰根共食蠱」。這可能是漢代人已經把窮奇跟伯奇搞混，窮奇才是吃夢的宛奇，形狀像一頭老虎，但是會飛。後世多見用虎頭做造型的枕頭，那上面的老虎不是虎，而是借用窮奇食夢的傳說。

這些記載展示了人類精神的發展歷史，由一開始的懼夢，而後造出神靈來鎮壓惡夢，透過具體的祝禱流程，人類開始形塑出一套治療自己精神世界的模式，最後還企圖一邊鎮壓惡夢，一邊求財，實在是相當可愛。

25 今生不做周國人

有一個國家，文獻裡只有少許記載，卻讓考古學家從地底挖出大量精美華麗的文物。有一個國家，它曾經是周天子最忠心的護衛，後來卻背叛了周王室，向另一個強權投誠。這個國家的名稱，如同它的歷史一樣雙面，文獻裡叫作「隨」，文物裡叫作「曾」。

「漢東之國隨為大」，這是熟讀《左傳》就不陌生的一句話。隨國曾經強大，也曾經讓楚王害怕，但在《左傳》春秋五霸相繼興起衰落的情節裡，隨國終究只是楚國稱霸故事的前奏曲。慶幸的是，隨著考古挖掘興起，隨國不僅帶著豐富且炫目的出土文物，更以截然不同的名稱重新進入人們視野。

在考古的世界裡，這個國度不叫「隨」而叫作「曾」，它令人震撼的第一砲，就是一九七七年湖北隨州擂鼓墩的曾侯乙墓。這是一座戰國早期的諸侯墓葬，呈「卜」字狀，東西長約二十一公尺，南北寬約十六．五公尺，埋葬著一位名為「乙」的曾國國君。這位曾侯乙未見於史籍，恐怕不是什麼著名國君，但下葬規格相當高，而且蒐集了許多精美的青銅禮器、樂器、玉器、金器、車馬器以及竹簡陪葬，其中最著名的就是〈曾侯乙編鐘〉。

這套編鐘共六十五件，不僅造型壯觀、規格齊全，音律也還很準確，至今仍是中國數量最多且保存最好的編鐘。〈曾侯乙鐘〉的問世，不但推進世人對中國音樂史的認識，更令大家好奇這位曾侯乙究竟是何方神聖？怎會有如此高深的音樂造詣以及製作樂器的團隊呢？

事實上，曾侯乙墓帶來的謎團遠遠不僅如此。令學者感到困惑的是，這個曾侯乙墓為什麼出土在史書記載的隨國領土？曾、隨之間到底有什麼關係？這個問題困擾學界許多年，在大家為曾、隨問題爭論不休時，湖北隨州又陸續出土帶有「曾」字銘文的青銅器。這些現象讓學者們逐漸領悟到一件事，原來曾、隨是同一個國家的不同名字，雖然無法得知《左傳》作者為什麼稱曾國為「隨」，不過可以肯定的是，這個地方的人們從上到下都是稱自己為「曾」。

這道理其實是很簡單的，即便是二十一世紀的今天，仍有很多地方有這種現象。比如：臺灣在官方文件裡稱「中華民國」，在體育賽事上又稱「中華臺北」，甚至在歷史檔案裡稱「福爾摩沙」。或是大家常說的北韓，它的正式名稱其實是「朝鮮人民共和國」，所以很多國家對其簡稱是「朝鮮」，只有韓國、臺灣跟香港稱「北韓」。這都是一地好幾名的經典例證，之所以用不同稱呼，很可能是代表不同性質的文書或是不同的政治立場，而曾、隨問題大概也是這樣形成。為了尊重曾國人民的意志，我們就以「曾」稱之。

傳說曾國的始封之祖名為「南宮适」。根據文獻記載，南宮适原先是周文王的四個好朋友之一，文王死後，南宮叔叔又跟著周武王去打天下，並順利地打敗了商紂。除了身為周王朝創始元老，南宮适做過比較具體的事情，大概就是在克商後的第一時間，負責發放王宮內的錢財，打開糧倉，讓當時已經餓得受不了的人民能夠領取救濟。能夠主持周王室的第一次賑災紓困任務，打造新政權的良好形象，可見南宮适是多麼受到武王這個晚輩的信任跟倚重。不過接下來在周王室封建大業中，南宮适的歸宿和其後裔的發展，就不見於史書了。

幸好，出土文物又拯救了曾國一次。二〇一〇年湖北隨州葉家山發現了一百多座西周早期的墓地，裡面埋藏了數量龐大且製作精良的青銅器，器壁上頭不但鑄著銘文「曾侯」二字，花紋形制也散發著濃濃的西周風格，很顯然地，這裡就是曾國在西周早期的一處貴族墓園。從這些墓地的發現，可知南宮适並沒有在周初封建大業中被遺忘，他們應該就是被分封到了湖北隨州一帶。

為什麼南宮适被分封到這個地方呢？這與周初局勢有很大的關係。對商周歷史不陌生的讀者應該知道，小邦「周」打敗大邑「商」之後，國勢並不穩定，加上不到兩年周武王就駕鶴歸西，各地勢力都蠢蠢欲動，比較著名的就是東方管蔡二叔與武庚的叛亂問題，最後造成了周公東征。或許武王還在世的時候，他就預感會有這樣的不幸發生，因此把身邊親信們分封得老遠。像周公旦就被封到山東魯國，召公奭被封到遠得要命的河北燕國，而南宮适則被封到湖北隨州，除了負責抵禦及安撫南方的人民，也成為周王朝南向政策的先行者。

周人在國勢稍稍穩定之後，就處心積慮想經營南方，其中最積極的天子就是成王孫子周昭王。從青銅器銘文可以看到，周昭王數次南巡都會帶著南宮氏隨行，除了親信外，大概也是因為南宮氏大本營就在南向要道上。可惜的是，周昭王的南向大夢並沒有實現，他最終在南巡後的北返途中，意外喪生於漢水之中。

「昭王南征而不復」，沒有回來的不只是周昭王的身軀，還有周王室永不復返的南向雄心。

曾國為周天子守著這個南方隘口直到春秋時期。從春秋早期的〈曾伯𣜩簠〉銘文可知，曾國此時仍有「克逖淮夷，抑燮繁陽，金道錫行」的功能，就是抵禦江淮一帶夷狄，調和繁陽各方勢力，同時維護青銅資源運輸通道的流暢。換句話說，春秋早期的曾國仍扮演穩定區域和平的重要角色，雖然春秋時期的周天子地位已經大不如前，但只要它臣服周王朝一天，周王室就不必擔憂南方勢力的崛起或擾亂，也能輕鬆得到來自南方的各種物產資源。

但是這樣的美好沒能維持太久，另一個南方在地勢力悄然崛起，並對曾國虎視眈眈，那就是楚國。早在楚武王時期，就試圖動搖曾國在漢東一帶的地位，甚至發起過至少三次大規模的軍事行動，可惜都沒能成功。除了當時雙方實力仍有懸殊外，《左傳》將曾（隨）國強盛之因歸功於臣子「季梁」，季梁要國君勿因楚軍羸弱而乘勝追擊，而應內修國政，親兄弟之國，這樣才能倖免於難。曾（隨）侯聽從季梁的勸諫，不僅讓楚武王死在兩國戰役的途中，更讓楚國一時之間難再對其用兵，只能將矛頭轉向周邊小國。

不過擋得了一時，擋不了一世，曾國終究沒能擋住楚國漸漸進逼的步伐。十八年後（西元前六七二年），楚王室發生內亂，楚文王的兩個兒子爭奪王位，哥哥熊艱欲殺弟弟熊惲，熊惲只好奔亡至曾（隨），隨後靠著曾（隨）人的協助，回國殺兄，自立為王，也就是楚成王。此後，楚曾關係暫時轉為融洽，兩國的羈絆也更深。

只是這深深的羈絆，在楚成王即位二十二年後產生了裂痕。曾國國君眼見楚國影響逐漸擴大，曾一度試著擺脫這樣的關係，聯合漢東的諸侯小國叛楚，沒想到此舉卻迎來楚國大舉進攻。最後曾（隨）侯不得不向楚國求和，雙方簽訂了和平協議，但這也象徵著曾國從此成為楚國的禁臠，漢東之王變成了楚國的附隨小弟。

雖說曾國在楚成王時成了楚國的附隨國，不過楚人可能採取「曾人治曾」的方式，保有他們原來的制度，這也就是為何到了戰國早期還會有「曾侯乙」這樣的國君存在。不過即使曾國人還是能治理這片土地，原本對周王室的那片赤誠，早已隨著滾滾長江水逝去，〈曾伯漆簠〉那「克逖淮夷，抑燮繁陽，金道錫行」的銘文內容，對春秋後期的曾人而言，只不過是份歷史文件。

這樣說來似乎令人覺得曾國人沒什麼節操，隨便地就攀附強權，若是這麼想那可就大錯特錯。曾國人骨子裡可是流著忠犬的血液，一旦確認主子是誰，就會不惜赴湯蹈火。

最著名的事件發生在西元前五〇六年，長江中下游崛起的新興國家吳國和楚國發生了一場大戰。這場戰役楚國輸得極度難看，不但都城被吳軍攻破，連楚昭王都倉皇辭廟，逃到曾國。當時吳軍帶著大批軍隊兵臨曾國城下，逼曾侯交出楚昭王，儘管面對如此龐大的壓力，曾侯仍然勇敢說不，最後順利保住楚昭王性命，還將他護送回國。

曾國這波忠犬操作，令楚王喜孜孜，給了曾侯很多獎賞。曾侯內心也是沾沾自喜，所以在春秋晚期〈曾侯與鐘〉銘文裡，還可以看到此事的記載。它說：

周室之既卑，吾用燮就楚。吳恃有眾庶，行亂西征南伐，乃加于楚。荊邦既殘，而天命將虞。有嚴曾侯，業業厥聲。親敷武功，楚命是請。復定楚王，曾侯之靈。

白話翻譯就是說：周王室已經沒用了，我們就追隨楚國。吳國憑恃著自己人多，就西征南伐胡作非為，最後加害於楚國。楚國被吳軍蹂躪，政權岌岌可危，幸虧威武的曾侯親自出馬，才延續了楚國的命脈。能夠讓楚王重回王位，可說是曾侯的功勞呀！這段文字表面看似在褒揚曾侯的勇猛，不過仔細深思，作為屬下的曾國好好保護上司似乎也是職責所在，而曾侯竟喜悅到將此事鑄勒在傳世的青銅樂器裡，那閃爍著亮光的奴性實在令人不忍直視。

然而無論怎麼個奴法，曾國正是在新主子的庇蔭之下，一路順遂地活到戰國時代。這段時間曾國曾發生了哪些事情，因為文字資料的缺乏，目前還不得而知，不過若從曾侯乙墓的出土文物來看，至少曾國到了戰國早期應該還是一個豐饒富足、文化燦爛的國度。至於曾國人背叛了周王室，投奔楚王室的那些節操問題，應該一點也不重要了吧。

話說曾國在文獻裡的名字為「隨」，它長得跟另一個字有點像，那就是「墮」。隨跟墮，在傳世古籍裡是一對難兄難弟，常常把讀者搞得糊里糊塗，不知道到底誰才是對的。

最有名的例子是《尚書．禹貢》開頭第一句話：「禹敷土，隨山栞（同刊）木，以奠高山大川。」這個「隨山」看起來像是大禹治水的某一種方法，但具體到底是什麼意思？很多注解家都搞不太清楚。司馬遷在寫《史記》的時候就翻譯成「行山表木」，隨行、隨行，隨就是行呀。相信讀者朋友看到這裡，顯然也不太相信太史公的話，「隨行杯」是指可以帶著走的杯子，隨能等於行嗎？

漢朝的經學大師鄭玄稍微負責任一點，他說：「必隨州中之山而登之，除木為道，以望觀所當治者，則規其形而度其功焉。」鄭玄還是注意到這一句話是在講大禹治水一事，所以拚命要把「隨山」朝治水方向詮釋，所以得出大禹應該是登上隨州之山，還砍樹開道，爬到高處去眺望應當治理的災區，然後才開始計劃。這種登高望遠、關心但不介入的治水方法，居然解決了黃河的長年水患，這似乎讓人有點難以想像。所以也有學者認為「隨山」應該是循著山嶺的形勢，斬木開道，以便治水。

同時也有不少人發現另一本典籍《國語》出現「晉聞古之長民者，不墮山，不崇藪，不防川，不竇澤」的句子。注解家說「墮山」就是毀山，把山摧毀掉。「墮」的篆字寫成「隓」，文字學家剛開始看不懂，後來金文出現「」形，才知道這是一個會意字，表示用手把小山丘的土剝落下來，若從文字形體的角度來看，「墮」理解成毀壞、破壞是很合適的。

重點來了，「隨山」和「墮山」究竟是不是同一件事呢？過去經學家好像很少把它們聯想在一起，直到近年一件著名的青銅器〈豳公盨〉銘文寫著「天命禹敷土，隓山，濬川」，大家這時才恍然大悟。原來「隨山」應該就是「墮山」的錯字，大禹並不是用斬木開道的方式治水，很有可能是沿用了父親鯀以息壤對付洪水的方法。

因為「墮山」到了文獻變成「隨山」，加上傳說鯀治水失敗才由禹接續，所

以後來這個故事就演變成，鯀因為採取「墮山」，也就是以淹塞防堵的方式治水才失敗，而禹則是採取「隨山」，也就是疏通洪水的方式才成功。換句話說，鯀禹治水的方法與成敗，正是因為「墮」和「隨」兩字的差異，才被對立起來的。

事實上，從現今的古文字看來，先秦時期只有一個「隓」字。至於「墮」和「隨」字則是秦漢時期才分化的，推測是因為隸書轉寫過程中，有些沒有按照標準書寫，所以才造成古書裡有「隨」和「墮」這樣的差異，更造成後代注解家的各種誤解與腦補。

附錄

本書兩周大事年代對照表

年代	周朝大事紀	約略同時西方大事
約1046 B.C.	阿發大嗆紂王　牧野之戰	希臘黑暗時代
約1043 B.C.	叔侄大鬥法　周公東征	
約1036 B.C.	再造「新」中國　營建洛邑	
1000 B.C.		
約977 B.C.	元首遭難　昭王南征	以色列第一聖殿建立
約841 B.C.	改革失敗　厲王奔彘	迦太基建城
800 B.C.		
約771 B.C.	兩個太陽　西周滅亡	
約770 B.C.	平王東遷	羅馬建城

- 722-694 B.C. 兄友弟攻 《左傳》開篇
- 以色列王國滅亡
- 679 B.C. 齊桓公稱霸
- 632 B.C. 靠舅才有利 晉文公稱霸
- 623 B.C. 秦穆公霸西方
- 新巴比倫王國建立
- 613-595 B.C. 春秋美魔女 夏姬故事
- 亞述帝國滅亡
- 606 B.C. 楚莊王問鼎中原
- 600 B.C.
- 551 B.C. 孔子出生
- 釋迦牟尼創建佛教
- 580-522 B.C. 夢的解析 子產故事
- 以色列第一聖殿被毀
- 504 B.C. 今生不做周國人 楚昭奔隨
- 羅馬改制共和國
- 482 B.C. 吳國稱霸
- 蘇格拉底時代
- 403 B.C. 三家分晉——春秋結束，戰國開始
- 伯羅奔尼撒戰爭結束
- 400 B.C.

參考資料

1 狠心生母無端懷孕，初生男嬰遭扔大排

瀧川龜太郎、司馬遷，《史記會注考證》，臺北：文史哲出版社，一九九七。
楊寬，《西周史》，臺北：臺灣商務印書館，一九九九。

2 成家難？周朝無殼蝸牛好辛苦

瀧川龜太郎、司馬遷，《史記會注考證》，臺北：文史哲出版社，一九九七。
于省吾主編，《甲骨文字詁林》，北京：中華書局，二〇〇七。
楊寬，《西周史》，臺北：臺灣商務印書館，一九九九。
許倬雲，《西周史（新增訂版）》，臺北：聯經出版公司，二〇二〇。

3 阿公指定真金孫，昌昌帶你衝衝衝

陳劍，〈據出土文獻說「懸諸日月而不刊」及相關問題〉，《嶺南學報》復刊一〇，二〇一八年十二月，頁五七－九四。
蔣玉斌，〈說甲骨文所謂「孫」字〉，張光明、徐義華主編，《甲骨學暨高青陳莊西周城址重大發現國際學術研討會論文集》，齊魯書社，二〇一四年七月。

4

阿發狠嗆紂王，撿到槍？誰才是對的人？

楊寬，《西周史》，臺北：臺灣商務印書館，一九九九。

郭錫良，《漢語史論集》，北京：商務印書館，一九九七。

5

大不敬！這款信徒居然當眾要脅神明

曲萬里，《尚書集釋》，臺北：聯經出版公司，二〇〇三。

裘錫圭，〈甲骨卜辭所見的逆祀〉，《裘錫圭文集．甲骨文卷》，上海：復旦大學出版社，二〇一五，頁二七〇－二七三。

高佑仁，〈「屰」字構形演變研究〉，《中正漢學研究》二〇一三年第二期，頁十九－五四。

6

叔侄大鬥法——上古惡龍封印大陣竟一夕破功

楊寬，《西周史》，臺北：臺灣商務印書館，一九九九。

陳夢家，《西周銅器斷代》，北京：中華書局，二〇〇四。

7

來自西方的「新」中國？

謝明文，〈「或」字補說〉，《商周文字論集》，上海：上海古籍出版社，二〇一七。

大西克也，〈論古文字資料中的「邦」與「國」〉，《古文字研究》第廿三輯，北京：中華書局，二〇〇二。

李學勤，《青銅器與古代史》，臺北：聯經出版公司，二〇〇五。

俞涼亘，〈西周洛邑工業概述〉，《西周文明論集》，北京：朝華出版社，二〇〇六。

8 江南開發新弊案？

周寶宏，《西周青銅重器銘文集釋》，天津：天津古籍出版社，二〇〇七。（本文〈宜侯矢簋〉諸家考釋研究皆見此）

陳劍，〈甲骨金文舊釋「䵼」之字及相關諸字新釋〉，《出土文獻與古文字研究》第二輯，上海：復旦大學出版社，二〇〇八年八月，頁一三－四七。

9 地表最嚴禁酒令？誰將生存到最後？

【英】羅森著，鄧菲等譯，《祖先與永恆：傑西卡．羅森中國考古藝術文集》，北京：生活．讀書．新知三聯書店，二〇一一。

季旭昇，《說文新證》，臺北：藝文出版社，二〇一四。

馬承源主編，《上海博物館藏戰國楚竹書（六）》，上海：上海古籍出版社，二〇〇七。

李學勤，《青銅器與古代史》，臺北：聯經出版公司，二〇〇五。

10 旅遊意外頻傳，元首也難逃死劫

于省吾，《甲骨文字詁林》，北京：中華書局，二〇一九，頁二八五九－二八七二。

陳致，〈古文字中的「南」及《詩經》中的「二南」〉，《從禮儀化到世俗化：《詩經》的形成》，上海：上海古籍出版社，二〇〇九。
黃博，〈甲骨文「南」及相關字補說（上）〉、〈甲骨文「南」及相關字補說（下）〉，《出土文獻》二〇二〇年第四期。

11

井流發威！是福還是禍？

韓巍，《西周金文世族研究》，北京：北京大學中文系博士學位論文，二〇〇七。
韓巍，〈冊命體制與世族政治——西周中晚期王朝政治解析〉，《九州學林》，上海：上海人民出版社，二〇一〇。
【美】李峰著，徐峰譯、湯惠生校，《西周的滅亡：中國早期國家的地理和政治危機》，上海：上海古籍出版社，二〇〇七。
【美】李峰著，吳敏娜等譯，《西周的政體：中國早期的官僚制度和國家》，北京：三聯書店，二〇一〇。
張亞初、劉雨，《西周金文官制研究》，北京：中華書局，二〇〇四。
陳劍，《甲骨金文論集》，北京：線裝書局，二〇〇七。

12

西周經營之神——裘衛的致富之道

王沛，《刑書與道術：大變局下的早期中國法》，北京：法律出版社，二〇一八。

李學勤，《青銅器與古代史》，臺北：聯經出版公司，二〇〇五。

13

員工怒告上司，竟遭判決鞭刑一千

王沛，《刑書與道術：大變局下的早期中國法》，北京：法律出版社，二〇一八。
周鳳五，〈曶鼎銘文新釋〉，《故宮學術季刊》第三十三卷第二期，二〇一五年十二月，頁一－十七。
野蠻小邦周，《爆料商周：上古史超譯筆記》，臺北：遠足文化，二〇二〇。

14

厲王還是烈王？一場被抹黑的失敗改革

裘錫圭，〈甲骨文所見的商代農業〉，《裘錫圭文集．甲骨文卷》，上海：復旦大學出版社，二〇一五，頁二五一－二五三。
【美】李峰著，徐峰譯、湯惠生校，《西周的滅亡：中國早期國家的地理和政治危機》，上海：上海古籍出版社，二〇〇七。

15

西周王朝的影子軍團——武公和他的戰神們

黃天樹，〈禹鼎銘文補釋〉，《黃天樹甲骨金文論集》，北京：學苑出版社，二〇一四。
商豔濤，《西周軍事銘文研究》，廣州：華南理工大學出版社，二〇一三。

16

真人版大富翁竟玩出國安危機？

理查·道金斯（Richard Dawkins），趙淑妙譯，《自私的基因》，臺北：天下文化，二〇二〇。

劉釗，《古文字構形學》，福州：福建人民出版社，二〇一一。

【美】李峰著，徐峰譯、湯惠生校，《西周的滅亡：中國早期國家的地理和政治危機》，上海：上海古籍出版社，二〇〇七。

何樹環，《西周土地所有權研究》，新北：花木蘭出版社，二〇一〇。

17

最後的疼愛是手放開

蘇建洲，〈楚系文字「祟」字構形補說兼論相關問題〉，《中正漢學研究》，二〇一二。

郭永秉，〈說「蒜」、「祘」〉，《古文字與古文獻論集》，上海：上海古籍出版社，二〇一一。

林澐，〈讀包山楚簡札記七則·七〉，《林澐學術文集》，北京：科學出版社，二〇〇八。

陳劍，《甲骨金文論集》，北京：線裝書局，二〇〇七。

【美】李峰著，徐峰譯、湯惠生校，《西周的滅亡：中國早期國家的地理和政治危機》，上海：上海古籍出版社，二〇〇七。

18

兩個太陽？一個天子豈能各表！

《清華大學藏戰國竹簡（壹）》，北京：中西書局，二〇一〇。

【美】李峰著，徐峰譯、湯惠生校，《西周的滅亡：中國早期國家的地理和政治危機》，上海：上海古籍出版社，二〇〇七。
錢穆，《國史大綱》，臺北：臺灣商務印書館，一九九六。

19 女力天下——周王朝的關鍵少數

陳劍，〈釋忠信之道的「配」字〉，《國際簡帛研究通訊》第二卷第六期，《中國哲學》編委會、煙臺大學國際簡帛研究中心主辦，二〇〇二年十二月。

20 兄「友」弟「攻」

張政烺，〈釋甲骨文「俄」、「隸」、「蘊」三字〉，《張政烺文史論集》，北京：中華書局，二〇〇四。
張政烺，〈釋「因蘊」〉，《張政烺文史論集》，北京：中華書局，二〇〇四。

21 靠爸不稀奇，靠舅才有力！

蔡哲茂，〈從故宮藏〈子犯編鐘〉談子犯的功勞與形象〉，《故宮文物月刊》，二〇二〇年八月
蔡哲茂，〈殷卜辭「伊尹鼉氏」考——兼論它示〉，《中央研究院歷史語言研究所集刊》第五十八本第四分，一九八七，頁七五五-七九一。
單育辰，《甲骨文所見動物研究》，上海：上海古籍出版社，二〇二〇。

22 請世界別為我傾倒

李松儒，《清華簡《繫年》集釋》，上海：中西書局，二〇一五。
蘇建洲、吳雯雯、賴怡璇，《清華二《繫年》集解》，臺北：萬卷樓，二〇一三。
于省吾，《甲骨文字詁林》，北京：中華書局，一九九六。

23 魯蛇變鬼還是廢？子產揭露殘酷真相

王正書，〈甲骨「」補釋〉，《考古與文物》一九九四年第三期。

24 讓古人教你「夢的解析」

劉釗，〈虎形枕與「多鬼夢」〉，《出土簡帛文字叢考》，臺北市：臺灣古籍，二〇〇四。
朱漢民、陳松長主編，《嶽麓書院藏秦簡（壹）》，上海：上海辭書出版社，二〇一〇。

25 今生不做周國人

李學勤，〈南公與南宮氏〉，《出土文獻》，二〇一五。
李守奎：〈國語故訓與古文字〉，《第二十八屆中國文字學國際學術研討會論文集》，臺北：國立臺灣大學、中國文字學會，二〇一七。

西周至春秋時期周王室世系

棄—不窋—鞠—**公劉**—慶節—皇僕—差弗—毀榆—公非—高圉

—亞圉—公叔組類—**太王（古公亶父）**—王季—**文王（昌）**

—**武王（發）**—**成王（誦）**—**康王（釗）**—**昭王（瑕）**—**穆王（滿）**

—**恭王（繄扈）**—**懿王（囏）**—孝王（辟方）—**夷王（燮）**—**厲王（胡）**

—**共和**—**宣王（靜）**—**幽王（宮涅）**—**攜惠王（余臣）**—**平王（宜臼）**

—桓王（林）—莊王（佗）—僖王（胡齊）—惠王（閬）—襄王（鄭）

—頃王（壬臣）—匡王（班）—定王（瑜）—簡王（夷）—靈王（泄心）

—景王（貴）—悼王（猛）—敬王（匄）

說明：粗體標示為本書所曾提及之周王。

國家圖書館出版品預行編目資料

周公哪有這麼神：課本沒教的兩周史教室 /
野蠻小邦周著 . -- 初版 . -- 新北市：遠足
文化 , 2021.06
面；　公分 . --（潮歷史）
ISBN 978-986-508-089-1（平裝）

1. 周史　2. 通俗作品

621.5　　110003794

潮歷史

周公哪有這麼神

課本沒教的兩周史教室

作　　者——野蠻小邦周
特約編輯——王育涵
主　　編——林蔚儒
執 行 長——陳蕙慧

行銷總監——陳雅雯
行銷企劃——尹子麟、余一霞、張宜倩
書籍美術——吳郁嫻
封面設計——謝捲子
圖片提供——達志影像、臺北故宮博物院

社　　長——郭重興
發行人兼出版總監——曾大福
出 版 者——遠足文化事業股份有限公司
地　　址——231 新北市新店區民權路 108-2 號 9 樓
電　　話——(02) 2218-1417
傳　　真——(02) 2218-0727
客服信箱——service@bookrep.com.tw
郵撥帳號——19504465
客服專線——0800-221-029
網　　址——https://www.bookrep.com.tw
臉書專頁——https://www.facebook.com/WalkersCulturalNo.1
法律顧問——華洋法律事務所　蘇文生律師
印　　製——呈靖彩藝有限公司

定　　價——新臺幣 350 元

初版一刷　西元 2021 年 06 月
Printed in Taiwan